新编常用

法律知识
学习手册

实用导图版

八五普法图书中心◎著

中国法制出版社
CHINA LEGAL PUBLISHING HOUSE

出版说明

近些年，随着全面依法治国的不断推进，我国的社会主义法治建设发生了历史性的变革，取得了历史性的成就，全民法律意识得到空前的提高。法律所体现的公平与正义深入人心，大家在遇到纠纷、侵权等情形时，能够第一时间把“依法办事”“依法维权”作为指导原则，从而为建设法治大环境增加了人民群众方面的坚实力量。

全面推进依法治国，既要坚持科学立法、严格执法、公正司法，也要坚持全民守法。其中，守法不仅仅是从其字面意思理解的“遵守法律规定”，还是在运用法律的层面上体现的“依法办事”“使用法律维权、解决问题”。可以说，用法才是守法的最高境界。那么，如何才能做到“用法”呢？首先要学法、知法、懂法。

不得不说，随着大家法律意识的提高，各界人士的学法积极性在不断地高涨，积极开展法律学习活动。特别是随着《中华人民共和国民法典》的出台，全民学法达到了空前的高潮。为了迎合这一契机，帮助大家学习、运用法律，我们特别组织编写了一套《法律知识学习手册（实用导图版)》，希望能给大家带来帮助。

在这套书中，各分册的内容设置以读者对象为基础，如干部、公务员、农民、青少年、职工、社区工作者等，专门选取了与其工作和生活贴近的法律知识，进行深入浅出的分析，具有很强的实用性与代入感。特别要指出的是，在每一章节，我们制作了“法律知识思维导图”，能够让读者一目了然，快速学习法律知识。读者朋友可以根据自身需要来进行选购，相信总有一册是与您密切相关的！

最后，我们希望本套书能为全面依法治国大计贡献绵薄之力！希望本套书能成为读者朋友学习法律知识的得力助手！同时，希望读者朋友多提宝贵意见！

目录／Contents

第一章　消费与旅游维权法律知识

第二章　婚姻家庭法律知识

第三章　合同法律知识

第五章　房屋租赁、买卖与征收法律知识

第六章　物业服务法律知识

第七章 日常生活救助法律知识

第一章
消费与旅游维权法律知识

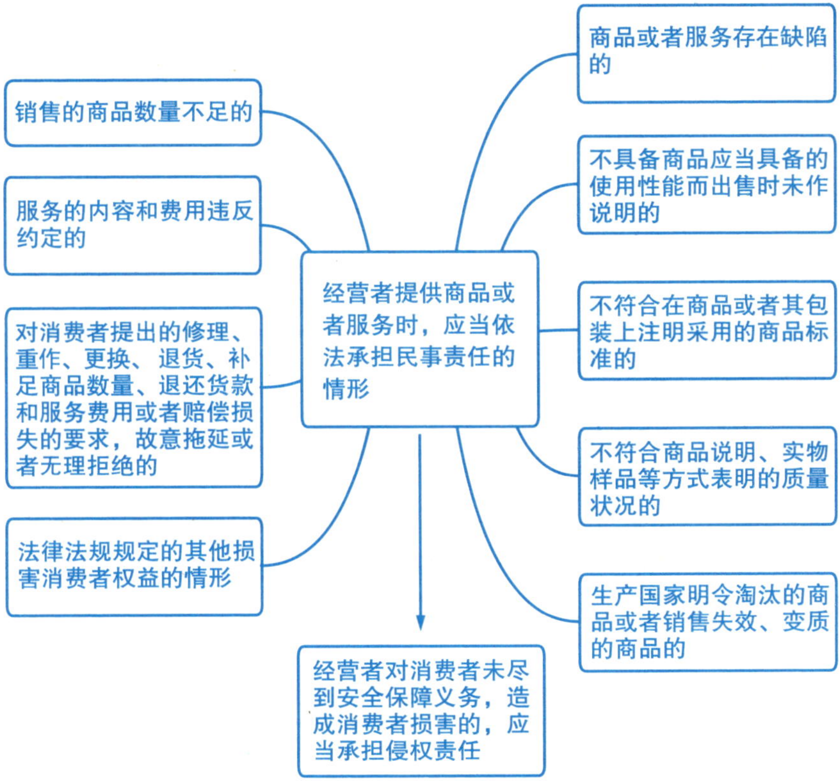
经营者提供商品或者服务时，应当依法承担民事责任的情形
商品或者服务存在缺陷的
不具备商品应当具备的使用性能而出售时未作说明的
不符合在商品或者其包装上注明采用的商品标准的
不符合商品说明、实物样品等方式表明的质量状况的
生产国家明令淘汰的商品或者销售失效、变质的商品的
销售的商品数量不足的
服务的内容和费用违反约定的
对消费者提出的修理、重作、更换、退货、补足商品数量、退还货款和服务费用或者赔偿损失的要求，故意拖延或者无理拒绝的
法律法规规定的其他损害消费者权益的情形
经营者对消费者未尽到安全保障义务，造成消费者损害的，应当承担侵权责任

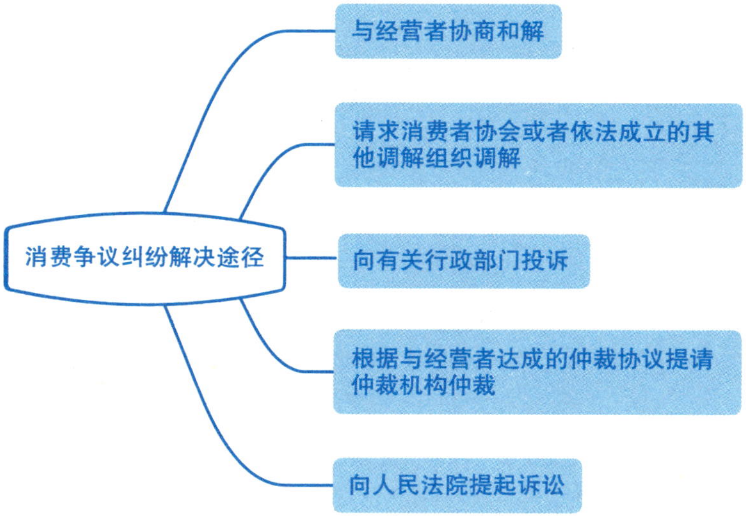
消费争议纠纷解决途径
与经营者协商和解
请求消费者协会或者依法成立的其他调解组织调解
向有关行政部门投诉
根据与经营者达成的仲裁协议提请仲裁机构仲裁
向人民法院提起诉讼

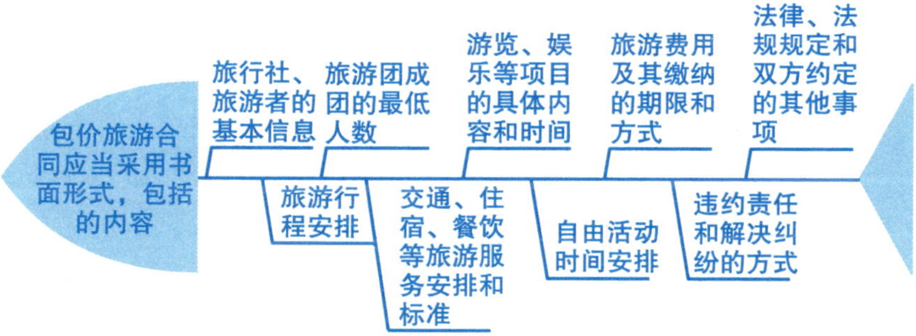
包价旅游合同应当采用书面形式，包括的内容
旅行社、旅游者的基本信息
旅游团成团的最低人数
游览、娱乐等项目的具体内容和时间
旅游费用及其缴纳的期限和方式
法律、法规规定和双方约定的其他事项
旅游行程安排
交通、住宿、餐饮等旅游服务安排和标准
自由活动时间安排
违约责任和解决纠纷的方式

订立包价旅游合同的，旅行社应当向旅游者告知的事项

- 旅游者不适合参加旅游活动的情形
- 旅游活动中的安全注意事项
- 旅行社依法可以减免责任的信息
- 旅游者应当注意的旅游目的地相关法律、法规和风俗习惯、宗教禁忌，依照中国法律不宜参加的活动等
- 法律、法规规定的其他应当告知的事项

在包价旅游合同履行中，遇到这些事项的，旅行社也应当告知旅游者

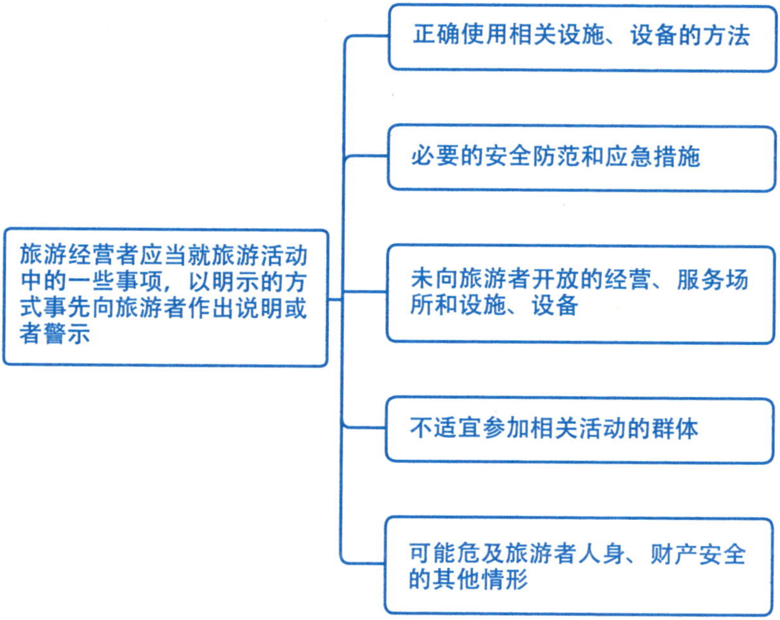
旅游经营者应当就旅游活动中的一些事项，以明示的方式事先向旅游者作出说明或者警示
正确使用相关设施、设备的方法
必要的安全防范和应急措施
未向旅游者开放的经营、服务场所和设施、设备
不适宜参加相关活动的群体
可能危及旅游者人身、财产安全的其他情形

1. 商家以次充好，消费者可否请求赔偿？

◆ 案例分析

王某在某家具城定做了一批家具，因为要在婚房使用，所以他特意叮嘱家具城家具的材料要选红木。当天，王某支付了18000元的定金。家具城定做好家具后，按照合同的约定将家具运送到了王某家中。收到货后，王某却发现，厂家送的货跟自己当初要的货有些不一致，家具的材料用的是与红木很类似的材料，但是价格却远远低于红木。王某和厂家进行协商，希望厂家重新制作自己要的家具，并且余款是在重新定做好、自己检查合格后才交。厂家却称，可以降低价格，但是不能重新定做。于是王某将厂家投诉到了当地的消费者协会，认为厂家的行为构成欺诈，要求厂家赔偿。那么，对于厂家以次充好的行为，王某是否可以请求赔偿呢？

◆ 法律解析

我国《消费者权益保护法》第八条及第十条有明确规定，消费者享有知悉其购买、使用的商品真实情况的权利，有权获得商品的质量保障，经营者侵犯消费者这一合法权利的，属于欺骗消费者的行为，应当承担退货、退款等责任。为了更好地维护消费者这一权益，《消费者权益保护法》规定了惩罚性赔偿金，情节严重的可能构成欺诈，如果生产假冒伪劣产品，还会受到刑法的追究。因此在本案中，王某可以要求厂家重做家具，并且按照《消费者权益保护法》第五十五条的规定，要求厂家承担惩罚性赔偿责任。

◆ 法律条文

《中华人民共和国消费者权益保护法》

第八条　消费者享有知悉其购买、使用的商品或者接受的服务的真实情况的权利。

消费者有权根据商品或者服务的不同情况，要求经营者提供商品的价格、产地、生产者、用途、性能、规格、等级、主要成份、生产日期、有效期限、检验合格证明、使用方法说明书、售后服务，或者服务的内容、规格、费用等有关情况。

第十条　消费者享有公平交易的权利。

消费者在购买商品或者接受服务时，有权获得质量保障、价格合理、计量正确等公平交易条件，有权拒绝经营者的强制交易行为。

第五十五条第一款　经营者提供商品或者服务有欺诈行为的，应当按照消费者的要求增加赔偿其受到的损失，增加赔偿的金额为消费者购买商品的价款或者接受服务的费用的三倍；增加赔偿的金额不足五百元的，为五百元。法律另有规定的，依照其规定。

深度解析

消费者享有公平交易的权利。法律从两个方面保障消费者自主选择商品或者服务的权利：一方面是其有权获得公平交易的条件；另一方面是其有权拒绝强制交易。经营者提供的商品或服务有欺诈行为时，应当承担惩罚性的赔偿责任。

2. 对临近保质期的商品，超市是否有提示义务？

◆ 案例分析

李某去超市买菜，在去菜品专区的时候，发现超市的熟食在搞促销，原来30元的袋装鸡腿现在只要9.9元。李某第一反应是超市搞这样的活动可能是为了吸引更多的顾客，于是就买了5袋回家。回到家后，李某的丈夫检查袋装鸡腿时发现，原来离保质期到期只有一天，所以超市才会卖得这么便宜。李某觉得自己上当了，就立刻返回超市想要退货，可是超市却以该商品是特价商品，特价商品不退不换为由拒绝了她的要求。李某对超市的说法不能接受，她和丈夫想知道超市对临近保质期的商品是不是应该做出明确提示呢？

◆ 法律解析

《消费者权益保护法》第八条及第二十条规定，消费者在购买商品时，享有知悉其购买、使用的商品的真实情况的权利，有权充分了解商品价格、质量、生产日期、有效期限等有关情况，经营者对此类信息应当真实、全面提供，不得作虚假或者引人误解的宣传。而在本案中，超市销售快过期的食品，不但没有明确提醒消费者，还以低价吸引消费者购买，这些行为显然已经违反了法律的相关规定，侵犯了消费者的知情权。李某可以向消费者协会或当地工商部门投诉，也可以通过法律途径维护自己的合法权益。

◆ 法律条文

《中华人民共和国消费者权益保护法》

第八条 消费者享有知悉其购买、使用的商品或者接受的服务的真实情况的权利。

消费者有权根据商品或者服务的不同情况，要求经营者提供商品的价格、产地、生产者、用途、性能、规格、等级、主要成份、生产日期、有效期限、检验合格证明、使用方法说明书、售后服务，或者服务的内容、规格、费用等有关情况。

第二十条第一款 经营者向消费者提供有关商品或者服务的质量、性能、用途、有效期限等信息，应当真实、全面，不得作虚假或者引人误解的宣传。

深度解析

消费者享有知悉其购买、使用的商品或者接受的服务的真实情况的权利。关于消费者的知情权，可以分为两种情况：一种是指关于商品的知情权，即消费者有权要求经营者提供商品的价格、产地、生产者、用途、性能、规格、等级等信息；另一种是指关于服务的知情权，即消费者有权要求经营者提供服务的内容、规格、费用等有关情况。

3. 对宣传单上的“最终解释权归商家所有”，应该怎么理解?

◆ 案例分析

袁某在某商场里买衣服，看到商场的化妆品在做活动，便想去了解一下。某化妆品店的店员发给袁某一张宣传单，宣传单上写明“凡是活动期间在本店买化妆品的，满 100 送 50，满 200 送 100，满 500 免费送一辆自行车”。但是在宣传单的最后以小字注明了“最终解释权归本店所有”。袁某一看活动日期是从第二天开始，于是叫上几个朋友想第二天来逛。而第二天袁某和朋友买化妆品时却出了状况：她们凑单买了 600 元的化妆品，按照宣传单上面写的，应该赠送一辆自行车，但是化妆品店的解释却是打折的商品不参与本次活动。袁某和朋友觉得不赠送的话一点都不合算，于是什么都没买就回去了。那么，商家注明的“最终解释权归本店所有”是什么意思？消费者该如何应对？

◆ 法律解析

我国《消费者权益保护法》第二十条第一款规定：“经营者向消费者提供有关商品或者服务的质量、性能、用途、有效期限等信息，应当真实、全面，不得作虚假或者引人误解的宣传。”同时《零售商促销行为管理办法》第六条明确规定：“零售商促销活动的广告和其他宣传，其内容应当真实、合法、清晰、易懂，不得使用含糊、易引起误解的语言、文字、图片或影像。不得以保留最终解释权为由，损害消费者的合法权益。”同时该法第七条第二款规定：“对不参加促销活动的柜台或商品，应当明示，并不得宣称全场促销；明示例外商品、含有限制性条件、附加条件的促销规则时，其文字、图片应当醒目明确。”本案中，化妆品店不得在促销活动的宣传单上使用含糊及易引起误解的文字，并不得以保留最终解释权为由损害消费者的合法权益。袁某可以向工商部门投诉，要求查处化妆品店的虚假宣传行为。

◆ 法律条文

《中华人民共和国消费者权益保护法》

第二十条第一款 经营者向消费者提供有关商品或者服务的质量、性能、用途、有效期限等信息，应当真实、全面，不得作虚假或者引人误解的宣传。

《零售商促销行为管理办法》

第六条 零售商促销活动的广告和其他宣传，其内容应当真实、合法、清晰、易懂，不得使用含糊、易引起误解的语言、文字、图片或影像。不得以保留最终解释权为由，损害消费者的合法权益。

第七条第二款 对不参加促销活动的柜台或商品，应当明示，并不得宣称全场促销；明示例外商品、含有限制性条件、附加条件的促销规则时，其文字、图片应当醒目明确。

深度解析

经营者应当真实、全面地对其提供的产品或服务进行宣传。真实，是指经营者向消费者提供有关商品或服务的质量、性能、用途、有效期限等信息，与该商品或者服务的客观情况完全符合，不存在虚假成分。全面，是指经营者向消费者提供有关商品或服务的质量、性能、用途、有效期限等信息，包含该项信息的各个方面，不存在遗漏的部分。

4. 消费者未索取发票，因产品缺陷受到人身伤害的应向谁索赔？

◆ 案例分析

刘某看到某超市经营的热水壶等产品在搞促销，于是就买了两个热水壶，给了父母一个，自己家留用一个。因为走得急，就忘记向商家索要发票了。但是没想到，父母使用热水壶才一个星期不到，热水壶就发生了爆炸。经鉴定，热水壶本身的质量存在问题。刘某找到商家要求赔偿，但是商家以刘某没有发票为由拒绝进行赔偿。请问在这种情况下，刘某应该怎么办呢？

◆ 法律解析

在现实生活中，消费者由于发票丢失或者未向经营者索要发票，在发生商品质量问题或造成人身、财产损害时，要追究经营者的责任就比较困难，一些经营者也往往以消费者没有凭据为由拒绝消费者的索赔要求。消费者在遇到上述情况时，一般可以采取如下措施：

第一，应当注意寻找有无其他凭证可以证明购物这一事实。比如，寻找购物的收据或电脑打印的小票，这些也能起到证明作用。还可以寻找人证，如其他受害者证言等。

第二，要求产品的生产者退货，赔偿缺陷产品造成的人身伤亡、财产损失的，并不需要发票，只要有产品残骸并足以证明该产品为生产者所生产，消费者就可以索赔了。

第三，如果消费者购买的这件没有发票的商品在使用过程中已经造成人身、财产损害，而与经营者协商后又无任何结果，那么，根据《消费者权益保护法》第四十条和《产品质量法》第四十三条的规定，消费者或其他受害人因商品缺陷造成人身、财产损害的，可以向销售者要求赔偿，也可以向生产者要求赔偿。本案中，刘某可直接与生产厂家联系，要求赔偿，如果生产厂家拒绝的话，可通过诉讼途径加以解决。

◆ 法律条文

《中华人民共和国消费者权益保护法》

第四十条　消费者在购买、使用商品时，其合法权益受到损害的，可以向销售者要求赔偿。销售者赔偿后，属于生产者的责任或者属于向销售者提供商品的其他销售者的责任的，销售者有权向生产者或者其他销售者追偿。

消费者或者其他受害人因商品缺陷造成人身、财产损害的，可以向销售者要求赔偿，也可以向生产者要求赔偿。属于生产者责任的，销售者赔偿后，有权向生产者追偿。属于销售者责任的，生产者赔偿后，有权向销售者追偿。

消费者在接受服务时，其合法权益受到损害的，可以向服务者要求赔偿。

《中华人民共和国产品质量法》

第四十三条 因产品存在缺陷造成人身、他人财产损害的，受害人可以向产品的生产者要求赔偿，也可以向产品的销售者要求赔偿。属于产品的生产者的责任，产品的销售者赔偿的，产品的销售者有权向产品的生产者追偿。属于产品的销售者的责任，产品的生产者赔偿的，产品的生产者有权向产品的销售者追偿。

深度解析

消费者在购买、使用商品时，由于销售者不依法履行义务或者不适当履行义务给消费者的合法权益造成侵害的，销售者应当承担赔偿责任。而一旦消费者或者其他受害人因商品缺陷遭受人身、财产损害的，消费者这时便有选择的权利，既可选择销售者进行赔偿，也可选择生产者进行赔偿，被选择的对象都应该先履行赔偿义务。

5. 用会员积分兑换的商品质量有问题，消费者应该怎么办？

◆ 案例分析

李某经常去某大型商场购物，因为每次买的商品很多，所以在商场办了一张积分卡，买东西都可以积分。后商场推出一项会员积分活动，会员积分 10 分相当于 1 元，但是所有积分只能用于兑换商品，不能兑换现金。商场推出此活动时，李某卡内的积分已经达到了 5000 分，按照商场的兑换规则，可以兑换一件价值 500 元的商品。李某用自己的 5000 积分兑换了一个电风扇，不料才拿回家用了两次，电风扇的开关键就不能用了。李某找商家退换，商家却称积分兑换的商品不退不换。李某应该怎么办呢？

◆ 法律解析

《消费者权益保护法》第二十四条规定：“经营者提供的商品或者服务不符合质量要求的，消费者可以依照国家规定、当事人约定退货，或者要求经营者履行更换、修理等义务。没有国家规定和当事人约定的，消费者可以自收到商品之日起七日内退货；七日后符合法定解除合同条件的，消费者可以及时退货，不符合法定解除合同条件的，可以要求经营者履行更换、修理等义务。依照前款规定进行退货、更换、修理的，经营者应当承担运输等必要费用。”

本案中的电风扇属于国家规定的“三包”商品，销售商应当承担“三包”责任，即负责修理、更换、退货。积分换购的商品也是商品，当然也享受现行的退换货政策和保障。同时《部分商品修理更换退货责任规定》第九条规定：“产品自售出之日起7日内，发生性能故障，消费者可以选择退货、换货或修理。退货时，销售者应当按发票价格一次退清货款，然后依法向生产者、供货者追偿或者按购销合同办理。”李某购买的电风扇，在用了两次后就发生故障，要求卖家退换货是正当合法的，卖家以商品是用积分兑换的为由拒绝退货，是没有任何法律依据的。

◆ 法律条文

《中华人民共和国消费者权益保护法》

第二十四条 经营者提供的商品或者服务不符合质量要求的，消费者可以依照国家规定、当事人约定退货，或者要求经营者履行更换、修理等义务。没有国家规定和当事人约定的，消费者可以自收到商品之日起七日内退货；七日后符合法定解除合同条件的，消费者可以及时退货，不符合法定解除合同条件的，可以要求经营者履行更换、修理等义务。

依照前款规定进行退货、更换、修理的，经营者应当承担运输等必要费用。

《部分商品修理更换退货责任规定》

第九条 产品自售出之日起7日内，发生性能故障，消费者可以选择退货、换货或修理。退货时，销售者应当按发票价格一次退清货款，然后依法向生产者、供货者追偿或者按购销合同办理。

深度解析

经营者提供的商品或者服务不符合质量要求的，消费者可以依照国家规定、当事人约定退货，或者要求经营者履行更换、修理等义务。其中不符合质量要求，是指经营者提供的商品或者服务的质量没有达到规定的标准或者与消费者约定的标准。经营者提供的商品或者服务不符合质量要求的，消费者可依照国家规定或约定选择要求经营者退货、更换或是修理。没有国家规定和当事人约定的，消费者要在收到商品之日起七日内退货。因退换货或是修理产生的必要费用应由经营者承担。

6. 从网上购买的商品与卖家描述的不符怎么办?

◆ 案例分析

戴某在逛某网店时，看到一家网店卖的泳装很好看，马上下单的话正好可以在暑假的时候跟着宿舍朋友们一起去海边游泳。这家网店称自己的泳装出自某某大厂家，是某品牌的正品，并且质量相当有保障。戴某一查，确实是个大牌子，就直接在该网店买了下来。但是等货到时却发现，这款泳装跟自己要的那款的颜色根本就不一样，自己要的是粉色的，发过来的货却是玫红色的，并且很容易开线，质量根本没有保障。于是戴某联系店家想要退货，而店家要求运费由戴某承担，戴某应该怎么办?

◆ 法律解析

我国《消费者权益保护法》第二十三条第二款规定："经营者以广告、产品说明、实物样品或者其他方式表明商品或者服务的质量状况的，应当保证其提供的商品或者服务的实际质量与表明的质量状况相符。"也就是说，商家对商品的描述是什么样的，就应该保障其售出的商品与其描述一致，不能弄虚作假。在本案中，商家说泳衣是某品牌的正品，那就应该是正品，如果不是正品，商家就应该承担相应的法律责任。

此外，《消费者权益保护法》第二十条第一款还规定："经营者向消费者提供有关商品或者服务的质量、性能、用途、有效期限等信息，应当真实、全面，不得作虚假或者引人误解的宣传。”本案中，商家称自己的商品是正品，但戴某买到手后发现其所购买的商品根本不是什么正品，颜色也跟自己要的不一致。因此，戴某不仅不用承担运费，还可以依据《消费者权益保护法》第五十五条第一款的规定，要求商家承担购买这件商品价款三倍的赔偿责任，如果增加赔偿的金额不足五百元的，为五百元。

◆ 法律条文

《中华人民共和国消费者权益保护法》

第二十条第一款 经营者向消费者提供有关商品或者服务的质量、性能、用途、有效期限等信息，应当真实、全面，不得作虚假或者引人误解的宣传。

第二十三条第二款 经营者以广告、产品说明、实物样品或者其他方式表明商品或者服务的质量状况的，应当保证其提供的商品或者服务的实际质量与表明的质量状况相符。

第五十五条第一款 经营者提供商品或者服务有欺诈行为的，应当按照消费者的要求增加赔偿其受到的损失，增加赔偿的金额为消费者购买商品的价款或者接受服务的费用的三倍；增加赔偿的金额不足五百元的，为五百元。法律另有规定的，依照其规定。

深度解析

经营者提供的商品或是服务的实际质量应当与其在广告、产品说明中宣传的质量、与其展示的实物样品的质量，或者以其他方式表明的质量状况相一致，不得有不符合之处。如果因经营者在宣传过程中的不实宣传损害了消费者的合法权益，则经营者应该承担相应的法律责任。

7. 在饭店喝“免费”饮料仍被要求买单，消费者该如何维权？

◆ 案例分析

某饭店国庆节期间搞活动，在饭店门口以“吃饭免费赠送饮料”的牌子进行标示。沈某约朋友一起吃饭，正好看到这家饭店搞活动，就和朋友去了这家店。沈某点了菜和主食，又向饭店要了几瓶雪碧。等吃完饭结账时，沈某发现账单上把雪碧的钱也算进去了。于是沈某就找店员理论，店员称本店说赠送饮料是要赠送芒果汁等鲜榨的饮料，并不是雪碧、可乐等。那么这种情况下，沈某应该怎么做？

◆ 法律解析

本案中，商家的做法侵犯了消费者的知情权。饭店把“吃饭免费赠送饮料”的意思明确地写在广告牌上，对经营者来说是一种促销手段，对消费者来说也是一种优惠。但是，如果不标出不参加活动的商品就是侵犯了消费者的知情权。我国《消费者权益保护法》第八条第一款规定：“消费者享有知悉其购买、使用的商品或者接受的服务的真实情况的权利。”同时，我国《广告法》第四条规定：“广告不得含有虚假或者引人误解的内容，不得欺骗、误导消费者。广告主应当对广告内容的真实性负责。”案例中商家的行为既是对消费者知情权的侵犯，也是一种误导消费者的虚假宣传。沈某完全可以按照其牌子上所说的，坚持雪碧免费。

◆ 法律条文

《中华人民共和国消费者权益保护法》

第八条 消费者享有知悉其购买、使用的商品或者接受的服务的真实情况的权利。

消费者有权根据商品或者服务的不同情况，要求经营者提供商品的价格、产地、生产者、用途、性能、规格、等级、主要成份、生产日期、有效期限、检验合格证明、使用方法说明书、售后服务，或者服务的内容、规格、费用等有关情况。

《中华人民共和国广告法》

第四条 广告不得含有虚假或者引人误解的内容，不得欺骗、误导消费者。

广告主应当对广告内容的真实性负责。

深度解析

广告不得含有虚假的内容，不得欺骗和误导消费者，实际上也就是要求广告必须具有真实性，即广告活动必须真实地、客观地传播有关商品或者服务的情况，而不能进行虚假的传播，更不能欺骗和误导消费者。如果商家广告中含有虚假的内容，欺骗或者误导消费者，给消费者造成损失，则需要承担相应的责任。

8. 车内物品在酒店指定的停车场被盗，由谁承担责任？

◆ 案例分析

袁某出差办事，对方单位给袁某选好了一家酒店。袁某开车到该酒店时已经是傍晚时分了，由于开了半天的车，很疲惫，袁某便直接将车停在该酒店的停车场后回酒店睡觉了。第二天袁某醒来发现自己的公文包放在车上忘记拿上来了，但是来到地下停车场时发现自己的公文包已经不见了，并且车窗有一个圆形的洞，很明显，公文包被盗了。袁某要求酒店进行赔偿，但是酒店认为自己没有为客人保管财物的义务。那么酒店是否有保管客人财物的义务呢？

◆ 法律解析

袁某到某酒店入住，已经与该酒店形成服务合同关系。袁某将车辆停放在酒店指定的停车场内，属于酒店提供服务的延伸范围。与随身携带的财物不同，袁某将车交由酒店保管，在此期间就已失去了对车辆的实际控制，而酒店作为经营者，就应当将保管袁某的车辆作为一种附随义务，妥善保管该车及车内的财物。此外，《消费者权益保护法》第七条也规定了经营者具有保障消费者人身、财产安全的义务。本案中，由于酒店的管理疏忽，致使袁某的汽车玻璃窗被划了个圆洞，并且丢失了财物，因此酒店理应承担赔偿责任。

◆ 法律条文

《中华人民共和国消费者权益保护法》

第七条 消费者在购买、使用商品和接受服务时享有人身、财产安全不受损害的权利。

消费者有权要求经营者提供的商品和服务，符合保障人身、财产安全的要求。

《中华人民共和国民法典》

第五百七十七条 当事人一方不履行合同义务或者履行合同义务不符合约定的，应当承担继续履行、采取补救措施或者赔偿损失等违约责任。

深度解析

消费者在购买、使用商品或者接受服务时，经营者首先需要保障其人身权，确保其生命健康不受损害。其次要保证其财产权不受侵犯，包括两方面的内容：一是消费者购买、使用商品或者接受服务时，财产本身的安全；二是消费者购买、使用商品或者接受服务时，其他财产的安全。

9. 旅游者解除合同的，预交的旅行费该怎样处理?

◆ 案例分析

刘某和朋友组团报了一家旅行社，想要到青岛度过国庆节假期，每人预交了2000元用于旅行社订酒店和机票。后因为公司临时要求加班，导致刘某的行程耽误，不能和朋友一起去青岛。刘某去旅行社要求退团，旅行社也同意其退团，但是并没有返还刘某预交的费用。那么刘某预交的2000元现金是否能被退还呢?

◆ 法律解析

本案的关键在于认定刘某缴纳的款项的性质，是属于定金还是预付款。在法律上，两者存在区别：从目的上说，预付款是在合同期限未到之前，当事人一方履行全部或部分义务，付款本身就是价款或价款的一部分，在合同没有履行的情况下，不管是给付款一方当事人违约，还是接受预付款的一方当事人违约，预付款都应退回。而定金是一种担保手段，其目的是促使双方认真履行自己的义务，保证合同的成立。在合同履行的情况下，定金部分可以用来抵合同中的价款，也可以由支付一方收回。但是如果支付定金的一方违约，则其无权收回定金；如果是另一方违约，则要双倍返还定金。

本案中，根据双方的合同来看，旅游者支付的这笔款项，是用来支付合同一部分价款的，并不是对合同承担担保作用，因此，它不具有定金的特征，只是合同内容的部分履行。在这种情况下，旅行社不能把它作为定金来看待，也不能够使用“定金罚则”来剥夺旅游者的权利，因此对这笔款应按照预付款来处理。我国《旅游法》第六十五条明确规定：“旅游行程结束前，旅游者解除合同的，组团社应当在扣除必要的费用后，将余款退还旅游者。”因此本案中，旅行社应该在扣除有关的费用后，将预交的旅行费返还给刘某。

◆ 法律条文

《中华人民共和国旅游法》

第六十五条 旅游行程结束前，旅游者解除合同的，组团社应当在扣除必要的费用后，将余款退还旅游者。

深度解析

合同的解除权，通常情况下是在符合法律规定或者当事人约定的条件下产生，不符合该条件的，当事人解除合同属于违约行为，应当承担违约责任。但是，在某些特殊情形下，基于某些合同的特殊性，法律允许当事人一方可以随时解除合同。当出现因个人原因不能成行，或者已出行却必须终止行程的情形时，可以解除旅游合同，即旅游者无须征得旅行社同意，享有单方解除旅游合同的权利。

10. 旅行团因泥石流围困而滞留，因此增加的食宿费用应该由谁承担？

◆ 案例分析

谭某跟随某旅行团到四川旅行。可是，在谭某等人到达四川之后的第2天，当地便发生了泥石流，导致谭某等人无法出行，只能滞留当地。谭某等人滞留了4天之后，当地的交通恢复了正常，旅行团便安排谭某等人启程返回。在回到目的地之后，旅行社要求谭某等人支付他们在四川某地滞留期间所增加的4天的食宿费用。而谭某等人认为，这些增加的食宿费用应当由旅行社来承担，因此，他们拒绝支付这笔增加的费用。旅行团因泥石流围困而滞留，因此增加的食宿费用应该由谁承担？

◆ 法律解析

本案中，旅行团因泥石流围困而滞留，因此增加的食宿费用应该由旅游者承担。根据我国《旅游法》第六十七条的规定，危及旅游者人身、财产安全的，旅行社应当采取相应的安全措施，因此支出的费用，由旅行社与旅游者分担；造成旅游者滞留的，旅行社应当采取相应的安置措施。因此增加的食宿费用，由旅游者承担；增加的返程费用，由旅行社与旅游者分担。由此可见，旅行社在组织旅游活动时，发生不可归责于旅行社的自然灾害、事故灾难等，旅行社负有救助义务。但是，因此造成旅游者滞留而增加的食宿费用，则由旅游者自己负担；而增加的返程费用，则由旅行社与旅游者分担。谭某所参加的旅行团因当地发生泥石流而滞留了4天，泥石流属于自然灾害。所以，根据上述法律规定，谭某等人滞留期间所增加的食宿费用，应当由谭某等旅游者自己承担。因此，旅行社要求谭某等人支付增加的食宿费用时，他们应当将此笔费用支付给旅行社。

◆ 法律条文

《中华人民共和国旅游法》

第六十七条 因不可抗力或者旅行社、履行辅助人已尽合理注意义务仍不能避免的事件，影响旅游行程的，按照下列情形处理：

……

（三）危及旅游者人身、财产安全的，旅行社应当采取相应的安全措施，因此支出的费用，由旅行社与旅游者分担。

（四）造成旅游者滞留的，旅行社应当采取相应的安置措施。因此增加的食宿费用，由旅游者承担；增加的返程费用，由旅行社与旅游者分担。

深度解析

法律之所以规定在旅游者因自然灾害而滞留期间，其食宿费用由旅游者自己承担，是因为自然灾害是任何人都无法预料和阻止的。虽然在旅行的过程中，是旅行社按照合同约定提供相应的食宿，但是如果因自然灾害而滞留所增加的食宿费用仍然要求旅行社承担，对于旅行社而言是不公平的。所以，法律规定食宿由旅游者自己承担，而采取安全措施的费用、增加的返程费用由双方分担，这实际上是公平责任的体现。

11. 旅行社组织旅游者到指定购物场所购物，旅游者可以拒绝吗？

◆ 案例分析

石某国庆节期间要加班工作，不能回家陪父母出去游玩。他在回家的路上听到小区周边的老年人都在讨论要报团去海南玩，石某就去旅行社问了问，觉得这个旅行社是以带领游客游玩为主要项目，价格相对也比较合适，就给父母报团让他们去海南玩。结果到达的第 2 天，导游就要求游客在酒店对面的特产商店买特产。石某的父母不知道是怎么回事，就给石某打电话询问。石某也感到纳闷，给旅行社的负责人打电话询问情况，负责人称这是其中的一个项目。那么，这种情况应该怎么处理呢？

◆ 法律解析

根据《旅游法》第三十五条第一款、第二款的规定，旅行社不得以不合理的低价组织旅游活动，诱骗旅游者，并通过安排购物或者另行付费旅游项目获取回扣等不正当利益。旅行社组织、接待旅游者，不得指定具体购物场所，不得安排另行付费旅游项目。但是，经双方协商一致或者旅游者要求，且不影响其他旅游者行程安排的除外。也就是说，对于非游客自愿的购物安排是违法行为。本案中，该旅行社未取得旅游者同意而安排购物是违法的，会受到相关的处罚，如责令改正、没收违法所得、责令停业整顿、罚款等，而对于旅游者来讲，当然可以依法维权。对此，《旅游法》第三十五条第三款明确规定："发生违反前两款规定情形的，旅游者有权在旅游行程结束后三十日内，要求旅行社为其办理退货并先行垫付退货货款，或者退还另行付费旅游项目的费用。"本案中石某的父母等人可以依据此条的规定维护自己的合法权益。

◆ 法律条文

《中华人民共和国旅游法》

第三十五条　旅行社不得以不合理的低价组织旅游活动，诱骗旅游者，并通过安排购物或者另行付费旅游项目获取回扣等不正当利益。

旅行社组织、接待旅游者，不得指定具体购物场所，不得安排另行付费旅游项目。但是，经双方协商一致或者旅游者要求，且不影响其他旅游者行程安排的除外。

发生违反前两款规定情形的，旅游者有权在旅游行程结束后三十日内，要求旅行社为其办理退货并先行垫付退货货款，或者退还另行付费旅游项目的费用。

第九十八条　旅行社违反本法第三十五条规定的，由旅游主管部门责令改正，没收违法所得，责令停业整顿，并处三万元以上三十万元以下罚款；违法所得三十万元以上的，并处违法所得一倍以上五倍以下罚款；情节严重的，吊销旅行社业务经营许可证；对直接负责的主管人员和其他直接责任人员，没收违法所得，处二千元以上二万元以下罚款，并暂扣或者吊销导游证。

深度解析

旅行社诱导、欺骗旅游者消费，并以此获取不正当利益，从而以不合理低价组织、接待旅游者的经营模式及其具体行为都是法律所禁止的。旅行社经营旅游等服务的报价，除正当、合理的情形外，不得低于其经营、接待和服务成本，不得诱导、欺骗旅游者，也不得通过旅游者的消费收取回扣、“人头费”等形式的货币利益，包括非货币的有形或无形的利益。

12. 景区未违反安全保障义务，那么对游客的伤亡还需要承担责任吗?

◆ 案例分析

某山区景点在入口处标明了游览景点的地图，在旁边的大牌子上还注明了哪些景点是禁止游客进入的，以及哪些路是危险禁行的。国庆节期间，很多游客前往此景区观光，其中不乏一些自由行的人，金某和他们一起前往此景区，但是因为缺乏经验，金某并没有看到景区入口处的提示，也没有和其他人结伴而行。在爬到半山腰时，金某想抄近道前往山顶，但是近道前方已经注明了“此处危险，禁止通行”，金某觉得也出不了事，就直接前往，爬到一半时因为山路崎岖陡峭，金某脚下一滑，直接摔下山谷身亡。在这种情况下，景区有义务赔偿吗？

◆ 法律解析

游客购票到景区游览，景区负有保护其人身安全的义务。本案中，景区以导游图、游览须知等方式提醒游客，实际上对每一位不特定游客已尽到了告知景区景点、路线以及提醒游客道路险要、注意安全的义务。金某所走的路线是明确标明的非景点区域，且小径旁设置了警示标志，金某还是一意孤行选择了这条路线而导致事故发生，可以视为其有故意或者重大过失。景区在金某的人身伤亡事件中，不存在过错和违法性，依法不应当承担民事责任。

◆ 法律条文

《中华人民共和国旅游法》

第五十条 旅游经营者应当保证其提供的商品和服务符合保障人身、财产安全的要求。

旅游经营者取得相关质量标准等级的，其设施和服务不得低于相应标准；未取得质量标准等级的，不得使用相关质量等级的称谓和标识。

深度解析

旅游经营者所提供的商品和服务应符合安全的规定，保证商品和服务的安全性是旅游经营者必须履行的法定义务和首要义务。旅游经营者和旅游者之间因消费行为也存在合同关系，双方受合同约定的权利义务约束。旅游经营者应当按照合同要求提供健康、安全的商品和服务，即适当和全面履行合同。

第二章
婚姻家庭法律知识

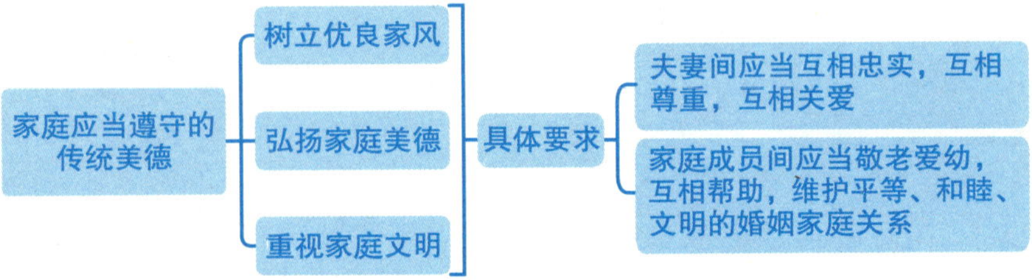
家庭应当遵守的传统美德
树立优良家风
弘扬家庭美德
重视家庭文明
具体要求
夫妻间应当互相忠实，互相尊重，互相关爱
家庭成员间应当敬老爱幼，互相帮助，维护平等、和睦、文明的婚姻家庭关系

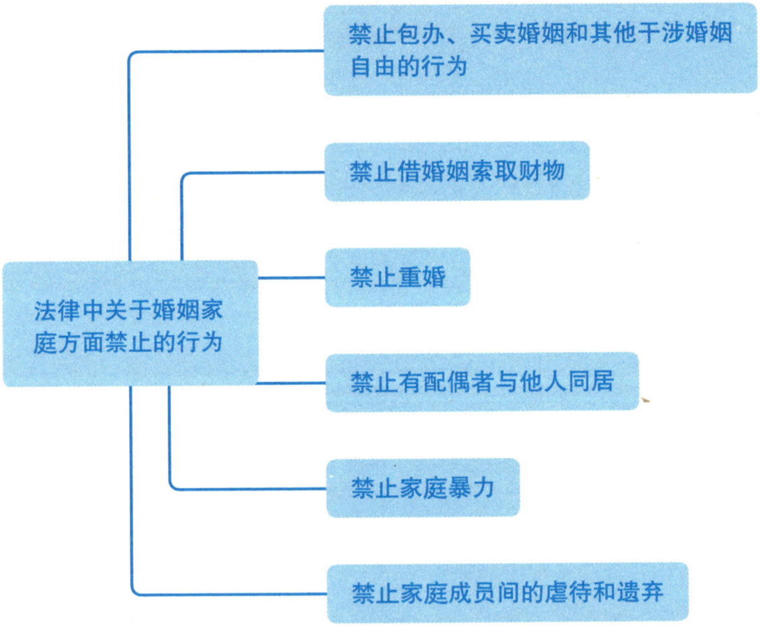
法律中关于婚姻家庭方面禁止的行为
禁止包办、买卖婚姻和其他干涉婚姻自由的行为
禁止借婚姻索取财物
禁止重婚
禁止有配偶者与他人同居
禁止家庭暴力
禁止家庭成员间的虐待和遗弃

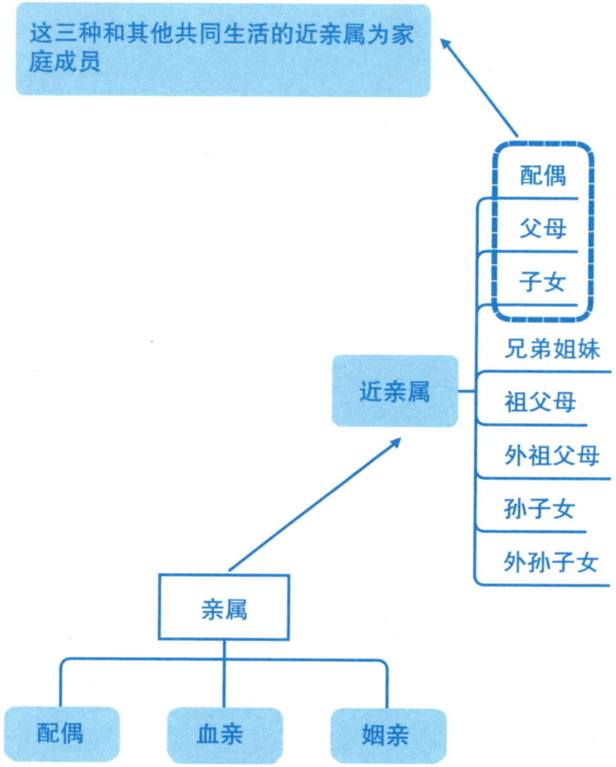
这三种和其他共同生活的近亲属为家庭成员
配偶
父母
子女
兄弟姐妹
祖父母
外祖父母
孙子女
外孙子女
近亲属
亲属
配偶
血亲
姻亲

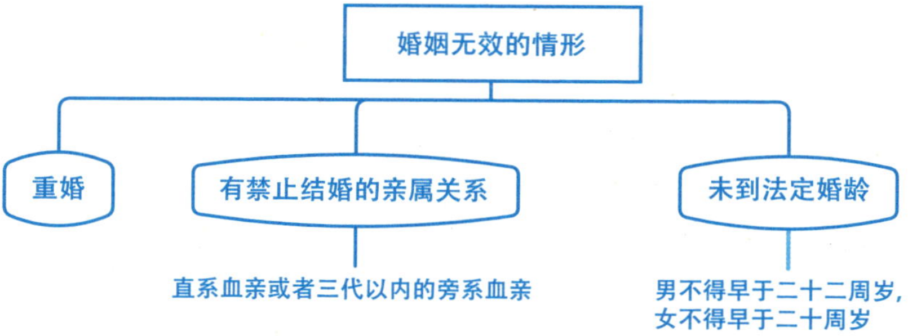
婚姻无效的情形
重婚
有禁止结婚的亲属关系
未到法定婚龄
直系血亲或者三代以内的旁系血亲
男不得早于二十二周岁，
女不得早于二十周岁

- 夫妻财产
  - 夫妻共同财产（夫妻对这些共同财产，有平等的处理权）
    - 工资、奖金、劳务报酬
    - 生产、经营、投资的收益
    - 知识产权的收益
    - 继承或者受赠的财产，但是遗嘱或者赠与合同中确定只归一方的财产除外
    - 其他应当归共同所有的财产
  - 夫妻一方个人财产
    - 一方的婚前财产
    - 一方因受到人身损害获得的赔偿或者补偿
    - 遗嘱或者赠与合同中确定只归一方的财产
    - 一方专用的生活用品
    - 其他应当归一方的财产

- 婚姻关系存续期间，夫妻一方可以向人民法院请求分割共同财产的情形
  - 一方有隐藏、转移、变卖、毁损、挥霍夫妻共同财产或者伪造夫妻共同债务等严重损害夫妻共同财产利益的行为
  - 一方负有法定扶养义务的人患重大疾病需要医治，另一方不同意支付相关医疗费用

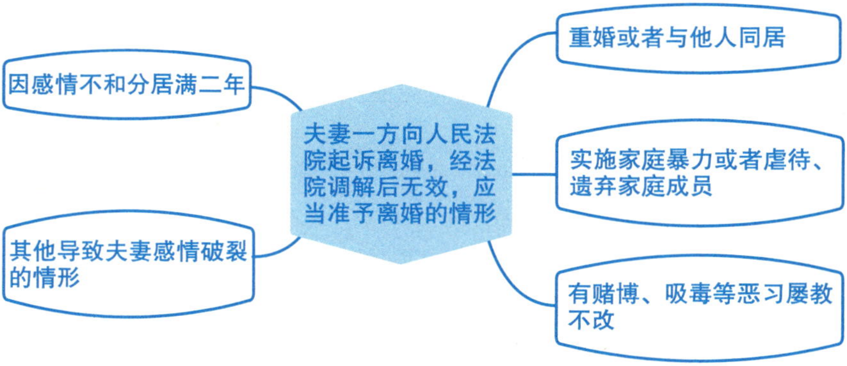
夫妻一方向人民法院起诉离婚，经法院调解后无效，应当准予离婚的情形
重婚或者与他人同居
实施家庭暴力或者虐待、遗弃家庭成员
有赌博、吸毒等恶习屡教不改
因感情不和分居满二年
其他导致夫妻感情破裂的情形

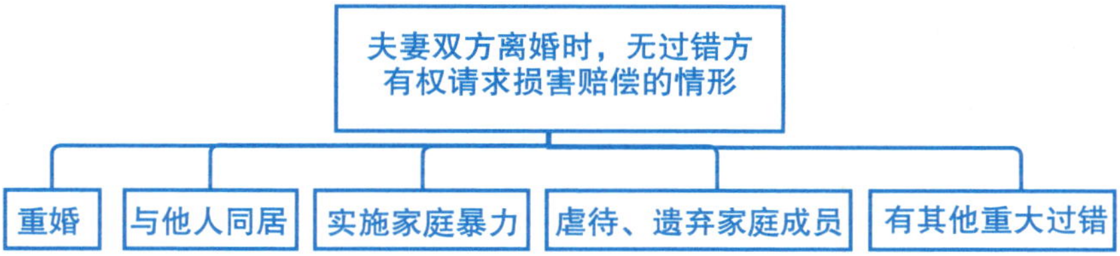
夫妻双方离婚时，无过错方有权请求损害赔偿的情形
重婚
与他人同居
实施家庭暴力
虐待、遗弃家庭成员
有其他重大过错

13. 非婚生子女有权对其生父母提出履行抚养义务的要求吗?

◆ 案例分析

杨某和段某未婚育有一女，随后两人感情破裂，孩子也成为感情的牺牲品，虽然孩子最终由杨某抚养，但杨某为了自己可以开始新的生活，也为了不触景生情，便将孩子给了不能生育的姐姐抚养。孩子慢慢长大，最终知道了自己的亲生父母还健在，那么其有权要求杨某和段某对自己履行抚养义务吗?

◆ 法律解析

孩子有权要求自己的亲生父母履行抚养义务。在实际生活中，非婚生子女的地位是很尴尬的，通常得不到父母的承认，生活也没有保障。我国《民法典》第一千零七十一条针对这样的问题，已经进行了非常明确的规定，即非婚生子女享有与婚生子女同等的权利，任何组织或者个人不得加以危害和歧视。这一规定从立法上保护了非婚生子女的合法权益。

◆ 法律条文

《中华人民共和国民法典》

第一千零七十一条　非婚生子女享有与婚生子女同等的权利，任何组织或者个人不得加以危害和歧视。

不直接抚养非婚生子女的生父或者生母，应当负担未成年子女或者不能独立生活的成年子女的抚养费。

深度解析

非婚生子女是指没有婚姻关系的男女所生的子女。非婚生子女主要包括以下几种情况：未婚男女或已婚男女与第三人发生性行为所生的子女、无效婚姻当事人所生的子女以及妇女被强奸后所生的子女。在法律上各国都确认了非婚生子女和婚生子女享有同等的权利，任何人不得加以危害和歧视。由此可知，非婚生子女的法律地位与婚生子女的法律地位是一样的，任何人都不得以此为理由损害非婚生子女的合法权益。

14. 继父可以取得未成年继子女的抚养权吗?

◆ 案例分析

谢某与张某离婚，离婚后谢某带着女儿乖乖嫁给了段某，婚后一直幸福地生活着。但天意弄人，在一场车祸中谢某不幸去世，段某悲恸欲绝。段某一直把乖乖当作自己亲生的孩子，乖乖也特别喜欢她的继父。乖乖的生父得知谢某离世后，便向段某索要乖乖的抚养权。段某不同意将乖乖送归张某抚养，因为张某有酗酒、赌博等恶习，段某不放心把孩子交给这样的人。那么，段某是否可以取得乖乖的抚养权呢?

◆ 法律解析

我国《民法典》第一千零七十二条规定："继父母与继子女间，不得虐待或者歧视。继父或者继母和受其抚养教育的继子女间的权利义务关系，适用本法关于父母子女关系的规定。"可见，形成抚养教育关系的继父母、继子女间的权利义务，应当等同于父母与子女间的权利义务。据此，继父母对与之形成抚养教育关系的继子女享有抚养权是不言而喻的。本案中，乖乖一直受其继父段某的抚养教育，双方已经形成抚养教育关系，而张某未对乖乖尽抚育义务，父女感情已经疏远。段某也表示愿意抚养乖乖，故乖乖由段某抚养比较有利。张某有酗酒、赌博等恶习，从保护乖乖的合法权益及有利于其健康成长的角度出发，乖乖由段某抚养是恰当的。

◆ 法律条文

《中华人民共和国民法典》

第一千零七十二条 继父母与继子女间，不得虐待或者歧视。

继父或者继母和受其抚养教育的继子女间的权利义务关系，适用本法关于父母子女关系的规定。

深度解析

继子女通常是指夫或妻一方与前配偶所生的子女；继父母是指子女母亲或者父亲再婚的配偶。继父母和继子女的关系是由于生父母一方死亡，另一方带子女再婚后形成的。在通常情况下，继父母与继子女之间的关系属于姻亲范围，如果继父母与继子女形成抚养关系，或者继父母将继子女收养为养子女，他们才形成法律拟制直系血亲关系。很明显，在上述情况下，法律设置了一种拟制血亲，以使得继父母与继子女之间的权利义务关系与生父母之间的权利义务关系相一致。

15. 离婚后孩子抚养权归属的确定依据是什么？

◆ 案例分析

张某与李某结婚 5 年，有一个 4 岁的孩子，因为丈夫李某酗酒，且酒后有暴力倾向，经常摔打家具物品，甚至还对张某进行辱骂，所以张某十分惧怕李某醉后的模样。张某多次劝诫未果，最终提出了离婚并且要求由自己抚养孩子。李某同意离婚但是不同意孩子由张某抚养，两人闹上法庭。那么，法院会把孩子判给谁抚养呢？

◆ 法律解析

根据我国《民法典》第一千零八十四条第三款的规定，离婚后，不满两周岁的子女，以由母亲直接抚养为原则。已满两周岁的子女，如双方因抚养问题发生争执不能达成协议时，由人民法院根据子女的权益和双方的具体情况判决。本案中，张某向李某提出离婚时，孩子虽已过两周岁，但因李某有酗酒的恶习且酒后有暴力倾向，故为了孩子的健康成长，法院应当判决孩子由其母亲张某抚养。

◆ 法律条文

《中华人民共和国民法典》

第一千零八十四条 父母与子女间的关系，不因父母离婚而消除。离婚后，子女无论由父或者母直接抚养，仍是父母双方的子女。

离婚后，父母对于子女仍有抚养、教育、保护的权利和义务。

离婚后，不满两周岁的子女，以由母亲直接抚养为原则。已满两周岁的子女，父母双方对抚养问题协议不成的，由人民法院根据双方的具体情况，按照最有利于未成年子女的原则判决。子女已满八周岁的，应当尊重其真实意愿。

深度解析

婚姻关系的解除，只是夫妻双方基于婚姻而存在的人身关系和财产关系归于消灭，但父母与子女之间存有的血亲关系不因父母离婚而消除。因收养而形成的拟制血亲，除依法变更收养关系外，也不因养父母离婚而消除。离婚后，两周岁内的子女，以随母亲直接抚养为原则。满两周岁的子女，如双方因抚养问题发生争执不能达成协议时，由人民法院根据子女的权益和双方的具体情况判决。父母离婚后，原先确定的对子女的抚养方式也不是一成不变的，如果父母的抚养条件发生了重大变化，或者子女要求改变抚养归属，就可根据实际情况进行变更。

16. 子女与父母达成不赡养父母的协议具有法律效力吗?

◆ 案例分析

韩某和张某结婚不久后生下儿子圆圆，在圆圆3岁的时候，韩某和张某因性格不合协议离婚，圆圆判给母亲张某抚养，韩某每个月支付600元生活费，且有探视权。但是张某出于报复心理，从来不让韩某探视圆圆，并且在圆圆的成长过程中不断给圆圆灌输韩某的种种不是，圆圆也因此憎恨韩某。在圆圆24岁的时候，张某更是怂恿其与韩某签订一份断绝往来、不对韩某进行赡养的协议。几年后，韩某因车祸导致生活无依无靠，也无生活来源，需要圆圆的赡养，可圆圆以协议为由拒绝。那么，这份协议是否有效?

◆ 法律解析

根据我国《民法典》《老年人权益保障法》的规定，赡养父母是成年子女的法定义务，这种义务是无条件的，任何人不得以任何理由推卸。当父母丧失劳动能力、生活困难时，子女应当给付生活费，当父母生病时，子女应当悉心照料、提供医疗费用等。这是赡养人应尽的义务，既不允许赡养人以任何理由拒绝履行，也不能对履行附加任何条件。因此，本案中圆圆不能因签订了协议而不履行对韩某的赡养义务。

◆ 法律条文

《中华人民共和国老年人权益保障法》

第十九条第一款　赡养人不得以放弃继承权或者其他理由，拒绝履行赡养义务。

《中华人民共和国民法典》

第二十六条第二款　成年子女对父母负有赡养、扶助和保护的义务。

深度解析

在现实生活中，存在子女以各种借口推诿赡养义务的现象，为了避免子女逃避对父母的赡养义务，法律规定子女和其他赡养人不得以放弃继承权或者其他各种理由来拒绝履行赡养义务，也就是说，即使子女放弃对父母去世后遗产的继承权，也仍然需要履行照料、看护父母的义务。而老年人遇到儿女不履行赡养义务的，可以依法向有管辖权的人民法院提起诉讼。值得注意的是，继承权不是履行赡养义务的对等权利，所以即使放弃继承权，也不能影响赡养义务的承担。

17. 子女可以因为老人再婚而拒绝承担赡养义务吗?

◆ 案例分析

郑某是某村村民，郑某的母亲在他很小的时候就去世了，其从小与父亲相依为命。多年来，父亲为了能够全心全意地抚养郑某长大，一直没有再婚。郑某成家立业之后，郑某的父亲准备再婚，希望自己的晚年可以有人陪伴。但是，郑某听说后大发雷霆，扬言只要父亲敢再婚，自己就会与他断绝父子关系，不会给父亲养老送终。那么，子女可以因为老人再婚而拒绝承担赡养义务吗?

◆ 法律解析

子女不能因为父母再婚而拒绝承担赡养义务。我国《民法典》第一千零六十九条规定，子女应当尊重父母的婚姻权利，不得干涉父母离婚、再婚以及婚后的生活。子女对父母的赡养义务，不因父母的婚姻关系变化而终止。另外，我国《老年人权益保障法》第二十一条也规定，老年人的婚姻自由受法律保护。子女或者其他亲属不得干涉老年人离婚、再婚及婚后的生活。赡养人的赡养义务不因老年人的婚姻关系变化而消除。据此可知，赡养义务是子女对父母的法定义务，此种义务不会因为父母再婚而消除。子女不能干涉老年人的婚姻自由，更不能因父母再婚而拒绝承担对父母的赡养义务。

◆ 法律条文

《中华人民共和国民法典》

第一千零六十九条　子女应当尊重父母的婚姻权利，不得干涉父母离婚、再婚以及婚后的生活。子女对父母的赡养义务，不因父母的婚姻关系变化而终止。

《中华人民共和国老年人权益保障法》

第二十一条　老年人的婚姻自由受法律保护。子女或者其他亲属不得干涉老年人离婚、再婚及婚后的生活。

赡养人的赡养义务不因老年人的婚姻关系变化而消除。

深度解析

法律明确规定子女的赡养义务不能因老年人的婚姻关系变化而消除，禁止子女干涉老年人的婚姻自由。这样规定，有利于引导公民保护老年人的婚姻自由，依法履行对父母的赡养义务。另外，这也有利于保护老年人的婚姻自由权，使得老年人不会因为子女拒绝承担赡养义务而影响自己的婚姻自由。

18. 因受胁迫而结婚的一方能否请求撤销该婚姻?

◆ 案例分析

小黑和小白从高中起就确立了恋爱关系。小黑的父母做生意失利家境败落，而他马上又要上大学，大笔费用没有着落。小白家考虑到两家可能成为亲家就承诺会承担小黑今后的一切费用。小黑和小白虽一直谈恋爱，但是小白越来越骄纵的性格让小黑甚觉疲惫，遂提出了分手。小白顿时觉得天崩地裂，威胁小黑如果不立马和她结婚就让他还清所有的债务，包括家里借给小黑父母的数十万元。小黑看到日渐憔悴的父母，不忍心再给他们徒增烦恼，自己也确实还不起，遂同意和小白结婚。婚后，小黑想撤销婚姻，并打算靠自己努力打工还钱给小白。请问，他能申请撤销婚姻吗?

◆ 法律解析

我国《民法典》规定，受胁迫而结婚是可撤销婚姻的法定情形。本案中，小黑被小白以偿还数十万元的债务所胁迫，迫不得已，违背自己意愿与之结婚，符合我国《民法典》规定的可撤销婚姻情形。如果小黑确实无法与小白生活，可以申请撤销婚姻，但是，毕竟小白家之前对小黑有很大的帮助，小黑撤销婚姻后，应该如数偿还所欠小白家的债务。

◆ 法律条文

《中华人民共和国民法典》

第一千零五十二条　因胁迫结婚的，受胁迫的一方可以向人民法院请求撤销婚姻。

请求撤销婚姻的，应当自胁迫行为终止之日起一年内提出。

被非法限制人身自由的当事人请求撤销婚姻的，应当自恢复人身自由之日起一年内提出。

《最高人民法院关于适用〈中华人民共和国民法典〉婚姻家庭编的解释（一）》

第十八条　行为人以给另一方当事人或者其近亲属的生命、身体、健康、名誉、财产等方面造成损害为要挟，迫使另一方当事人违背真实意愿结婚的，可以认定为民法典第一千零五十二条所称的“胁迫”。

因受胁迫而请求撤销婚姻的，只能是受胁迫一方的婚姻关系当事人本人。

深度解析

可撤销婚姻，是指当事人因意思表示不真实而成立的婚姻，或者当事人成立的婚姻在结婚的要件上有欠缺，通过有撤销权的当事人行使撤销权，使已经发生法律效力的婚姻关系失去法律效力。胁迫婚姻违反了结婚须男女双方完全自愿的原则，因此法律规定其属于可撤销的婚姻。有权提出撤销婚姻效力的申请人只能是因胁迫结婚的被胁迫人，因受胁迫方在缔结婚姻关系时不能真实地表达自己的意愿。受胁迫的人要行使自己的撤销权必须在法定的期限内行使，如果超过了法定期限，则受胁迫人的撤销权消失。该法定期限为，受胁迫的一方撤销婚姻的请求，应当自胁迫行为终止之日起一年内提出。被非法限制人身自由的当事人请求撤销婚姻的，应当自恢复人身自由之日起一年内提出。

19. 房屋由夫妻一方婚前贷款购买，婚后双方共同还贷，离婚时房屋该怎样分配？

◆ 案例分析

小样和小牛结识于一家奶茶店，两人都是大学毕业不久的待业者，找工作的心烦苦痛如此相似，让两个人感觉同为天涯沦落人，于是互生爱慕，决定结婚。由于双方家庭都不是很富裕，于是决定由男方小牛家首付 12 万元买房，婚后小样和小牛共同偿还贷款。就这样，小样和小牛结了婚，婚后沉重的经济压力让他们疲惫不堪，二人开始争吵，最终走向了离婚。在分割房子的问题上二人发生了争执。小样认为房屋是婚后共同还贷的，要求分割，小牛认为二人婚后只还了 5 万元，还有 16 万元未还，而此房市值 50 万元，因此二人要共同承担债务。那么二人离婚时该如何分割该房屋？

◆ 法律解析

根据《民法典》第一千零八十七条第一款及《最高人民法院关于适用〈中华人民共和国民法典〉婚姻家庭编的解释（一）》第七十八条之规定，夫妻一方婚前以个人名义、个人财产购买的不动产产权登记在一方名下的，婚后用夫妻共同财产还贷的，离婚时该不动产由双方协议处理。协议不成的，法律规定该不动产属于产权登记人个人所有，尚未归还的贷款为产权登记一方的个人债务。双方婚后共同还贷支付的款项及其相对应的财产增值部分，离婚时应根据《民法典》第一千零八十七条规定的原则，由产权登记一方对另一方进行补偿。

具体到本案中，婚后二人共同还贷 5 万元，应确定为用夫妻共同财产偿还债务，现双方离婚，对此部分必然要进行分割。该房的增值部分（50 万元减去房屋总价 33 万元为 17 万元）也应作为夫妻共同财产予以分割，但应扣除首付款所占的增值比例。对于本案中产权登记在小牛名下的房屋，根据法律的规定，夫妻双方在离婚时，由二人协商处理。协商不成的，可由人民法院判决该房屋归属产权登记人所有，尚未还清的房贷属于产权登记人小牛的个人债务。

◆ 法律条文

《中华人民共和国民法典》

第一千零八十七条第一款 离婚时，夫妻的共同财产由双方协议处理；协议不成的，由人民法院根据财产的具体情况，按照照顾子女、女方和无过错方权益的原则判决。

《最高人民法院关于适用〈中华人民共和国民法典〉婚姻家庭编的解释（一）》

第七十八条 夫妻一方婚前签订不动产买卖合同，以个人财产支付首付款并在银行贷款，婚后用夫妻共同财产还贷，不动产登记于首付款支付方名下的，离婚时该不动产由双方协议处理。

依前款规定不能达成协议的，人民法院可以判决该不动产归登记一方，尚未归还的贷款为不动产登记一方的个人债务。双方婚后共同还贷支付的款项及其相对应财产增值部分，离婚时应根据民法典第一千零八十七条第一款规定的原则，由不动产登记一方对另一方进行补偿。

深度解析

现在夫妻购房大多采取贷款形式，一方婚前贷款买房，买卖行为发生在婚前，甚至房产证取得也在婚前，按理这房子就是婚前个人财产了。但是，婚前首付很可能只是房款的一小部分，另一方在婚后承担了还贷义务，如果简单认定房屋是一方的婚前财产，那另一方岂不是在替对方还贷？即使婚后的还贷是婚前买房一方用个人收入进行的，但婚后任何一方的收入都是夫妻共同财产，实际上还是在用夫妻共同财产还贷。因此，对婚前首付婚后共同还贷的房屋，在离婚时应由双方协商处理；协商不成的，双方婚后共同还贷部分的款项及其对应的增值部分，按共同财产分割。这体现了付出与所得相符合的公平原则。

20. 离婚时，一方可以分割另一方还未领取的养老保险金吗?

◆ 案例分析

杨某的老公患癌症去世，无依无靠的杨某就想找一个靠得住的人过日子。一直单身的宋某成了她的候选对象，二人在接触中互生好感，遂进行了结婚登记。可婚后杨某发现宋某太过自私，根本不关心自己，所以决定和宋某离婚。在法庭上，杨某要求宋某对养老保险金进行分割，宋某不同意。原来宋某已经达到法定退休年龄，而杨某还未达到。那么，法院应该支持杨某的诉讼请求吗?

◆ 法律解析

根据现实情况，养老保险金存在三种不同的情形：第一种是离婚时，男女双方均已达法定退休年龄，已开始领取养老保险金；第二种是离婚时，男女双方均未达法定退休年龄，已缴纳了一定数额的养老保险费，但尚未开始领取养老保险金；第三种是一方已开始领取养老保险金，另一方尚未开始领取养老保险金。针对这三种不同的情形，离婚时养老保险金应按以下方式分割：第一种情形，双方按月领取养老保险金的数额明确，在分割时可操作性强，可按平等原则进行处理，即由领取保险金多的一方按月给少的一方补付差额款即可；第二种情形，其分割的可操作性较差，且领取养老保险金还存在一定的预期，法院只能根据平等原则进行分割，即以双方实际缴纳的养老保险费总额为基数，按平等原则进行分割，由养老保险费账户总额多的一方给少的一方补差；第三种情形，可以将养老保险金账户中婚姻关系存续期间个人实际缴付部分作为夫妻共同财产分割。

本案中，双方名下的养老保险金属于第三种情形，由于杨某还未达到法定的退休年龄，还未实际领取养老保险金，因此，杨某诉求中要求分割宋某个人名下的养老保险金得不到法院的支持。但是，对于在婚姻关系存续期间宋某以夫妻共同财产实际缴付部分的养老保险费可以作为夫妻共同财产进行分割。

◆ 法律条文

《最高人民法院关于适用〈中华人民共和国民法典〉婚姻家庭编的解释（一）》

第八十条　离婚时夫妻一方尚未退休、不符合领取基本养老金条件，另一方请求按照夫妻共同财产分割基本养老金的，人民法院不予支持；婚后以夫妻共同财产缴纳基本养老保险费，离婚时一方主张将养老金账户中婚姻关系存续期间个人实际缴纳部分及利息作为夫妻共同财产分割的，人民法院应予支持。

深度解析

养老保险金具有人身性质，且是将来可预期收入，当然不宜在离婚时分割；实际缴付部分，却类同于夫妻债权，加以分割，是有道理的。需要注意的是，夫妻关系存续期间已经领取的养老保险金属于夫妻共同共有财产，离婚时可以要求分割；但因养老保险金的领取主体是特定的、不可转让的，因此，如果离婚时夫妻一方尚未退休、不符合领取养老保险金条件的，则不存在分割的问题，即使主张分割也得不到法律的支持，然而，以夫妻共同财产缴付的养老保险费，属于夫妻共同共有财产，离婚时可以要求分割。

21. 双方均有过错的夫妻在离婚时应该如何赔偿？

◆ 案例分析

赵某和郭某结婚后一直不和，赵某总是夜不归宿，经常出没于麻将馆，输了很多钱，并且其有暴力倾向，经常动手殴打郭某，郭某生活得十分痛苦。而同事刘某经常关心郭某，郭某觉得刘某很体贴，于是两人发生了不正当关系。赵某知道此事后向法院提出离婚，要求郭某赔偿精神损失，郭某也向法院提出赵某应该赔偿殴打她的医药费和精神损失费。那么，法院应该支持他们的请求吗？

◆ 法律解析

根据《最高人民法院关于适用〈中华人民共和国民法典〉婚姻家庭编的解释（一）》第九十条的规定，夫妻双方均有法律规定的过错情形，一方或者双方向对方提出离婚损害赔偿请求的，人民法院不予支持。本案中，郭某与异性有不正当的男女关系，赵某是“无过错方”，根据《民法典》第一千零九十一条规定可以提起离婚损害赔偿的请求；但是赵某赌博并多次对郭某进行殴打，对郭某造成伤害，属于实施了家庭暴力行为，因此，他又是“过错方”。由于双方都存在过错，所以双方的离婚损害赔偿请求得不到法院的支持。

◆ 法律条文

《最高人民法院关于适用〈中华人民共和国民法典〉婚姻家庭编的解释（一）》

第九十条 夫妻双方均有民法典第一千零九十一条规定的过错情形，一方或者双方向对方提出离婚损害赔偿请求的，人民法院不予支持。

《中华人民共和国民法典》

第一千零九十一条 有下列情形之一，导致离婚的，无过错方有权请求损害赔偿：

（一）重婚；

（二）与他人同居；

（三）实施家庭暴力；

（四）虐待、遗弃家庭成员；

（五）有其他重大过错。

深度解析

婚姻法中的“过错”与民法上的一般过错的认定不同，其不单指行为人主观状态上的过错，还意味着行为人违反了法律确定的夫妻双方的义务。因此，在适用离婚损害赔偿责任时，只需证明行为人存在法定情形就足以认定违法行为人存在过错。同时，有权要求对方承担损害赔偿的当事人必须是无过错的，如果本人有过错，就丧失了请求对方承担损害赔偿责任的权利。由此可知，如果离婚时双方都有过错，则双方都不能请求离婚损害赔偿。

22. 离婚时，夫妻共同财产该怎样分割?

◆ 案例分析

小周和小昆经相亲结识，迅速热恋后结婚。婚后二人通过努力买了一套小户型商品房，市值 57 万元；随后二人又买了一辆小轿车，估价为 20 万元；此外，小两口还有 25 万元的存款。然而，好日子并不长久，婆媳不和使得家庭矛盾重重，小昆终于忍受不了提出离婚。离婚时，他们的共同财产该如何分配?

◆ 法律解析

我国《民法典》第一千零八十七条第一款规定："离婚时，夫妻的共同财产由双方协议处理；协议不成的，由人民法院根据财产的具体情况，按照照顾子女、女方和无过错方权益的原则判决。"由此可知，对于夫妻的共同财产，在离婚时，双方应先协议处理，在协议不成的情况下，再由人民法院根据财产具体情况及照顾子女、女方和无过错方权益的原则判决。上面案例中的财产，包括价值 57 万元的楼房、20 万元的汽车以及存款 25 万元均属于夫妻共同财产，在小周与小昆离婚时，双方应对这些财产进行协议分割，协议不成的，可以通过诉讼方式解决。

◆ 法律条文

《中华人民共和国民法典》

第一千零八十七条第一款　离婚时，夫妻的共同财产由双方协议处理；协议不成的，由人民法院根据财产的具体情况，按照照顾子女、女方和无过错方权益的原则判决。

深度解析

法律允许夫妻双方在离婚时就财产问题自行协商处理。对于未达成协议的由法院根据具体情况，以照顾子女和女方权益的原则判决。还需要说明一个问题，即离婚时，一方隐藏、转移、变卖、毁损夫妻共同财产，或伪造债务企图侵占另一方财产的，分割夫妻共同财产时，对隐藏、转移、变卖、毁损夫妻共同财产或伪造债务的一方，可以少分或不分。离婚后，另一方发现有上述行为的，可以向人民法院提起诉讼，请求再次分割夫妻共同财产。

23. 离婚时，已付款但未过户的二手房该怎么处理?

◆ 案例分析

肖某和赵某邂逅于雨后的屋檐下，两个人对这浪漫的邂逅无比欣喜，认为是上天的有意安排，于是二人迅速热恋并结婚。但婚后，肖某发现赵某是一个滥情的人，总是与很多男人保持暧昧关系，肖某忍无可忍，提出了离婚，并且要求分割赵某自己出资购买的一套房屋，但赵某不同意。经查明赵某购买的是二手房，虽然购房合同写明房款清偿之日归赵某所有，但未办理过户手续。那么，该房产该怎样处理?

◆ 法律解析

《民法典》第二百零九条第一款规定："不动产物权的设立、变更、转让和消灭，经依法登记，发生效力；未经登记，不发生效力，但是法律另有规定的除外。"本案中，因赵某尚未办理变更房屋所有权的手续，所以并未取得房屋的所有权。《最高人民法院关于适用〈中华人民共和国民法典〉婚姻家庭编的解释（一）》第七十七条规定："离婚时双方对尚未取得所有权或者尚未取得完全所有权的房屋有争议且协商不成的，人民法院不宜判决房屋所有权的归属，应当根据实际情况判决由当事人使用。当事人就前款规定的房屋取得完全所有权后，有争议的，可以另行向人民法院提起诉讼。”本案中，赵某所购房屋未办理变更所有权登记，故赵某尚未取得该房屋的所有权。因此，对双方离婚时尚未取得所有权的房屋，法院不宜判决房屋所有权的归属，应当根据实际情况判决房屋的使用权。

◆ 法律条文

《最高人民法院关于适用〈中华人民共和国民法典〉婚姻家庭编的解释（一）》

第七十七条　离婚时双方对尚未取得所有权或者尚未取得完全所有权的房屋有争议且协商不成的，人民法院不宜判决房屋所有权的归属，应当根据实际情况判决由当事人使用。

当事人就前款规定的房屋取得完全所有权后，有争议的，可以另行向人民法院提起诉讼。

《中华人民共和国民法典》

第二百零九条第一款　不动产物权的设立、变更、转让和消灭，经依法登记，发生效力；未经登记，不发生效力，但是法律另有规定的除外。

深度解析

离婚时尚未取得产权的房屋，指离婚时夫妻双方对其居住使用的房屋尚未取得所有权。其适用对象包括两类：第一类是离婚时夫妻双方对其居住使用的房屋尚未取得所有权，主要是指夫妻双方作为买受人没有缴清全部购房款而没有取得房屋所有权，包括购买福利性政策房和购买商品房、经济适用房等房屋。第二类是离婚时夫妻双方取得的房屋所有权只是部分所有权，不是完全所有权，这主要是指夫妻双方根据福利性政策以标准价购买的共有房屋，即部分产权房屋。针对在离婚时所有权不完全的房屋的处理，如果夫妻双方对房屋如何分割有约定，则从约定，无约定则从法律规定，由法院根据实际情况判决由当事人使用，待该房产取得所有权时，另行向法院起诉。

24. 离婚一方生活贫困的，能否要求另一方给予帮助？

◆ 案例分析

杜某和陈某是大学同学，毕业后不久两人登记结婚。婚后，杜某心疼陈某便让她辞去工作，做一个全职太太，专门照顾家庭生活。但幸福生活并不长久，因家庭矛盾，二人感情破裂，协议离婚。此时，夫妻二人并没有攒下什么财产，只有一套房子还是杜某的婚前个人财产。陈某在离婚的时候并没有分到什么财产，又加上没有工作，生活陷入困难。那么，陈某能否要求杜某给予帮助呢？

◆ 法律解析

我国《民法典》第一千零九十条规定，离婚时，如一方生活困难，有负担能力的另一方应当给予适当帮助。该规定是夫妻之间互相扶养的法律义务在离婚时的一种延伸和表现，也是扶弱济贫的社会主义道德的要求。《民法典》第一千零八十八条同时规定，夫妻一方因抚育子女、照料老人、协助另一方工作等付出较多义务的，离婚时有权要求另一方给予补偿。本案中的陈某一直在专门照顾家庭而没有工作，离婚时可以要求杜某给予补偿。也就是说，陈某在离婚的时候有权向杜某提出补偿请求，如果离婚时没有提出该请求，事后自己生活困难的，也可以依法请求对方给予适当的帮助。

◆ 法律条文

《中华人民共和国民法典》

第一千零八十八条 夫妻一方因抚育子女、照料老年人、协助另一方工作等负担较多义务的，离婚时有权向另一方请求补偿，另一方应当给予补偿。具体办法由双方协议；协议不成的，由人民法院判决。

第一千零九十条 离婚时，如果一方生活困难，有负担能力的另一方应当给予适当帮助。具体办法由双方协议；协议不成的，由人民法院判决。

深度解析

《民法典》第一千零九十条是有关离婚后，一方对生活困难的另一方给予适当帮助的规定。我国法律规定了夫妻离婚时，一方生活困难，另一方应当给予帮助，这是对离婚中弱势群体的一种帮助制度，这种帮助制度是一种法定帮助制度，当出现一方生活困难时，另一方就必须给予适当的生活帮助。所谓“适当帮助”，是指在不影响提供帮助人的生活的前提下对其在离婚时给予的一次性帮助。帮助的方式可以是以金钱的形式给予经济帮助，也可以是以个人财产中的住房对生活困难者进行帮助。

25. 女方在恋爱期间人工流产的，分手后是否可以向男方主张精神损害赔偿?

◆ 案例分析

陈某与詹某相识相恋并很快同居了，后来，陈某怀孕，而詹某却说他们现在的状况不适合抚养孩子，无奈之下，陈某做了人工流产。不久，陈某无意中发现，原来詹某一直与另外一个女人走得非常近。但是，陈某认为两人走在一起不容易，一直假装不知道此事。然而，有一天，詹某跟陈某提出分手，詹某说他们两个人现在越来越没有共同语言，已经不适合生活在一起。对此，陈某非常伤心。陈某认为自己可以答应分手，但是，其曾经因为詹某做过人工流产，要求詹某支付自己精神损害赔偿20万元。陈某是否可以向詹某主张精神损害赔偿?

◆ 法律解析

女方在恋爱期间人工流产的，在分手后不可以向男方主张精神损害赔偿。关于在什么情形下可以要求精神损害赔偿，根据我国《民法典》的规定，存在三种情形：一是侵害自然人人身权益造成严重精神损害的，被侵权人有权请求精神损害赔偿；二是因故意或者重大过失侵害自然人具有人身意义的特定物造成严重精神损害的，被侵权人有权请求精神损害赔偿；三是因当事人一方的违约行为，损害对方人格权并造成严重精神损害，受损害方有权请求精神损害赔偿。由此可见，对于恋爱或同居的男女而言，发生性行为系双方自愿，即便发生了女方流产的后果，但是并不存在上述法定要求精神损害赔偿的情形，并且，男方也不具备侵权的情形，故女方不能要求男方承担精神损害赔偿责任。

◆ 法律条文

《中华人民共和国民法典》

第一千一百八十三条 侵害自然人人身权益造成严重精神损害的，被侵权人有权请求精神损害赔偿。

因故意或者重大过失侵害自然人具有人身意义的特定物造成严重精神损害的，被侵权人有权请求精神损害赔偿。

第九百九十六条 因当事人一方的违约行为，损害对方人格权并造成严重精神损害，受损害方选择请求其承担违约责任的，不影响受损害方请求精神损害赔偿。

深度解析

对于双方自愿的行为，如果法律仍然要求一方承担法律责任，这对于当事人而言是不公平的，也会导致法律的过于严格，不利于法律的执行，更可能会导致整个社会秩序的不稳定。

26. 离婚的，都要经过“离婚冷静期”吗？

◆ 案例分析

李某与范某在某网络社交平台认识后，很快建立了恋爱关系并闪婚。但是婚后不久，李某就发现丈夫范某存在各种不良习惯。范某好吃懒做，什么家务活都不干，并且，最让她不能忍受的是范某还经常酗酒。李某觉得不能再继续跟范某一起生活下去了，于是提出离婚，但遭到了范某的拒绝。又过了半年多，李某实在忍受不了了，坚决要离婚。但是，李某听说离婚要经过一个“离婚冷静期”。那么，离婚一定要经过“离婚冷静期”吗？

◆ 法律解析

从提交离婚申请到领到离婚证的这三十日被称为“离婚冷静期”。我国《民法典》第一千零七十七条规定：“自婚姻登记机关收到离婚登记申请之日起三十日内，任何一方不愿意离婚的，可以向婚姻登记机关撤回离婚登记申请。前款规定期限届满后三十日内，双方应当亲自到婚姻登记机关申请发给离婚证；未申请的，视为撤回离婚登记申请。”据此可知，对于离婚冷静期，是针对夫妻双方自愿到婚姻登记机关申请离婚登记时所设定的一个期限，而对于诉讼离婚，是不存在法律明确规定的离婚冷静期的。在上面的案例中，如果李某坚持离婚，而丈夫又坚持不离的情况下，李某可以通过起诉来离婚。

◆ 法律条文

《中华人民共和国民法典》

第一千零七十七条 自婚姻登记机关收到离婚登记申请之日起三十日内，任何一方不愿意离婚的，可以向婚姻登记机关撤回离婚登记申请。

前款规定期限届满后三十日内，双方应当亲自到婚姻登记机关申请发给离婚证；未申请的，视为撤回离婚登记申请。

深度解析

离婚冷静期的设定是为了缓解因一时头脑冲动而引发的离婚。在离婚冷静期内，申请人可以反悔，可以撤回离婚登记申请。需要注意的是，离婚冷静期为三十日，如果坚持离婚的，在冷静期期限届满后，要在三十日内去申请发放离婚证，如果超过三十日，则视为撤回离婚登记申请。再想申请登记离婚，还要重新履行程序。

第三章
合同法律知识

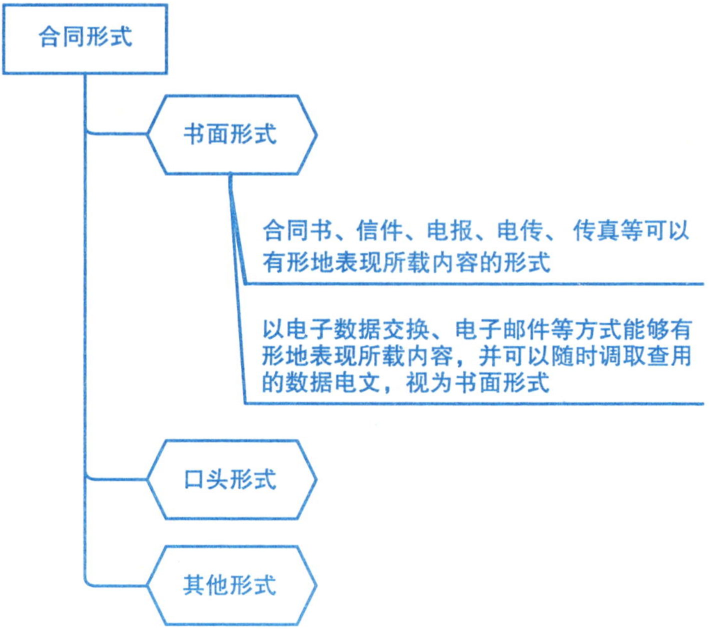
合同形式
书面形式
合同书、信件、电报、电传、传真等可以有形地表现所载内容的形式
以电子数据交换、电子邮件等方式能够有形地表现所载内容，并可以随时调取查用的数据电文，视为书面形式
口头形式
其他形式

合同的内容由当事人约定，一般包括的条款
当事人的姓名或者名称和住所
标的
数量
质量
价款或者报酬
履行期限、地点和方式
违约责任
解决争议的方法

- 当事人在订立合同过程中造成对方损失的，应当承担赔偿责任的情形
  - 假借订立合同，恶意进行磋商
  - 故意隐瞒与订立合同有关的重要事实或者提供虚假情况
  - 有其他违背诚信原则的行为

- 合同中无效的免责条款
  - 造成对方人身损害的
  - 因故意或者重大过失造成对方财产损失的

- 当事人的法定解除权
  - 因不可抗力致使不能实现合同目的
  - 在履行期限届满前，当事人一方明确表示或者以自己的行为表明不履行主要债务
  - 当事人一方迟延履行主要债务，经催告后在合理期限内仍未履行
  - 当事人一方迟延履行债务或者有其他违约行为致使不能实现合同目的
  - 法律规定的其他情形

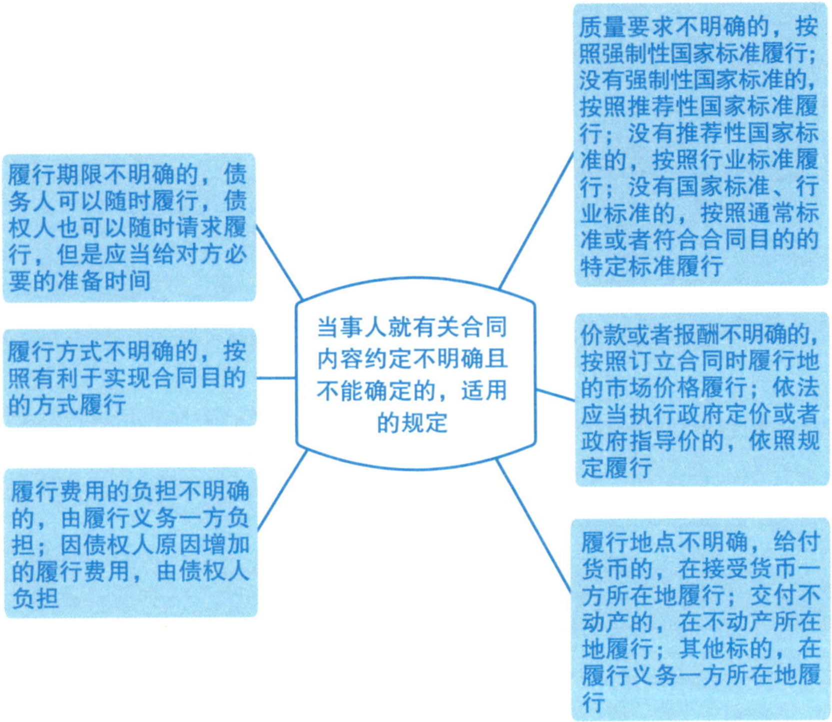
当事人就有关合同内容约定不明确且不能确定的，适用的规定
履行期限不明确的，债务人可以随时履行，债权人也可以随时请求履行，但是应当给对方必要的准备时间
履行方式不明确的，按照有利于实现合同目的的方式履行
履行费用的负担不明确的，由履行义务一方负担；因债权人原因增加的履行费用，由债权人负担
质量要求不明确的，按照强制性国家标准履行；没有强制性国家标准的，按照推荐性国家标准履行；没有推荐性国家标准的，按照行业标准履行；没有国家标准、行业标准的，按照通常标准或者符合合同目的的特定标准履行
价款或者报酬不明确的，按照订立合同时履行地的市场价格履行；依法应当执行政府定价或者政府指导价的，依照规定履行
履行地点不明确，给付货币的，在接受货币一方所在地履行；交付不动产的，在不动产所在地履行；其他标的，在履行义务一方所在地履行

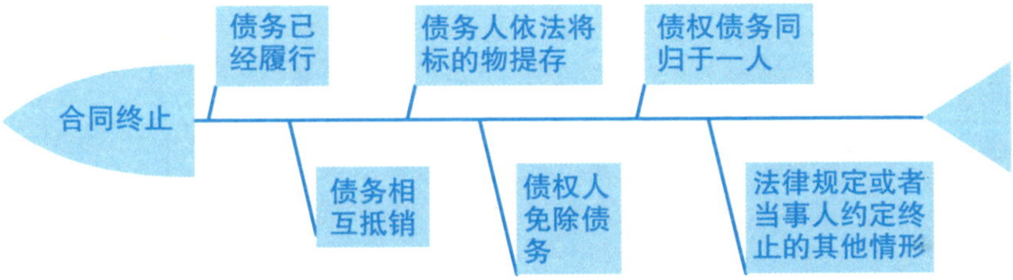
合同终止
债务已经履行
债务人依法将标的物提存
债权债务同归于一人
债务相互抵销
债权人免除债务
法律规定或者当事人约定终止的其他情形

27. 一方当事人没签字（或盖章）但已实际履行的合同有效吗？

◆ 案例分析

养鸡专业户唐某急需一批饲料，找到某饲料加工厂欲购买鸡饲料。双方约定唐某购买鸡饲料 5 吨，每吨 3000 元，由饲料加工厂于 5 月 1 日前送到唐某处。在双方准备签约时，唐某由于父亲突发重病赶回，未在合同上签字。4 月 28 日，饲料加工厂依约将 5 吨鸡饲料送到了唐某的养鸡场，唐某接收。两天后，唐某发现另一家饲料加工厂出售相同的鸡饲料且每吨 2800 元，于是便以其未在合同上签字为由认为其与某饲料加工厂之间的合同无效，要求该饲料加工厂运回饲料。请问，一方当事人在合同上没有签字（或盖章）但是已经实际履行合同的，该合同有效吗？

◆ 法律解析

这个合同是具有法律效力的。根据《民法典》第四百九十条第一款的规定，双方采用合同书形式订立合同，在签名、盖章或者按指印之前，一方已经履行主要义务，对方接受时，该合同成立。现实中，确实存在一方当事人因各种原因无法及时加盖公章，而合同又不得不马上履行的情况，一方当事人履行合同后，对方当事人则可能根据市场行情的变化，以合同没有签字或盖章为由提出解约或不承认合同成立。在此情况下，法律本着公平公正与鼓励交易的原则，采取了保护已履行主要义务一方合法权益的做法，即认为此种情形下，合同有效。本案中，饲料加工厂已经按照合同约定履行了义务，唐某不能在市场行情变动的情况下以合同未签字盖章为由主张合同无效，应该按照约定支付饲料加工厂相应的货款。

◆ 法律条文

《中华人民共和国民法典》

第四百九十条第一款 当事人采用合同书形式订立合同的，自当事人均签名、盖章或者按指印时合同成立。在签名、盖章或者按指印之前，当事人一方已经履行主要义务，对方接受时，该合同成立。

深度解析

在合同关系中，如果一方当事人已经实际履行了合同义务，同时对方当事人接受了履行，说明双方当事人对合同内容达成共识，即使由于其他客观原因导致书面合同未能及时签订，该合同也是成立的。双方可以进行合同倒签，但是倒签合同中双方的权利义务不明确、法律责任界定不清，容易产生法律纠纷，所以在现实生活中应尽量避免。

28. 买卖双方没有签订书面合同，买卖关系成立吗？

◆ 案例分析

某食品加工厂与某煤炭公司约定：5 月至 7 月，煤炭公司向食品加工厂提供煤炭 30 吨，分三次运送，每次 10 吨，每个月 30 日送达，货款在最后一批煤炭送达时结清。但是双方没有签订书面合同。5 月 30 日，煤炭公司依约将 10 吨煤炭送到了食品加工厂，食品加工厂向煤炭公司开具了收货清单。6 月，食品加工厂订单减少，不需要那么多煤炭。于是在 6 月 30 日，煤炭公司将第二批煤炭送到食品加工厂时，食品加工厂以双方没有签订书面合同为由拒收煤炭，并且拒绝支付第一批煤炭货款。煤炭公司向人民法院提起诉讼。在这种情况下，买卖双方没有签订书面合同，买卖关系成立吗？

◆ 法律解析

本案中，食品加工厂和煤炭公司作为买卖双方达成合作意向，形成的供给关系只是以口头达成的约定，并没有签订法律意义上的书面合同。在没有书面合同的约束下，食品加工厂否认煤炭公司向其提供煤炭，并且也不承认双方之间的买卖关系，在这种情况下，《最高人民法院关于审理买卖合同纠纷案件适用法律问题的解释》第一条第一款规定：“当事人之间没有书面合同，一方以送货单、收货单、结算单、发票等主张存在买卖合同关系的，人民法院应当结合当事人之间的交易方式、交易习惯以及其他相关证据，对买卖合同是否成立作出认定。”本案中，煤炭公司将食品加工厂告上了法庭，煤炭公司应当向法院提供送货单、结款单作为证据，同时，法院应就双方的交易方式、交易习惯等方面进行调查，并询问当时的介绍人以获取相关信息，以此对买卖合同是否成立作出认定。

◆ 法律条文

《最高人民法院关于审理买卖合同纠纷案件适用法律问题的解释》

第一条 当事人之间没有书面合同，一方以送货单、收货单、结算单、发票等主张存在买卖合同关系的，人民法院应当结合当事人之间的交易方式、交易习惯以及其他相关证据，对买卖合同是否成立作出认定。

对账确认函、债权确认书等函件、凭证没有记载债权人名称，买卖合同当事人一方以此证明存在买卖合同关系的，人民法院应予支持，但有相反证据足以推翻的除外。

深度解析

书面合同是当事人之间买卖关系的最直接、有效的证明，当双方没有签订书面合同时，主张成立买卖关系的一方应当提供送货单、收货单、结算单、发票等证据，法院以此为据并结合当事人之间的交易方式、交易习惯等对买卖关系成立与否作出相应认定。

29. 双方签订合同意向书后，因一方不履行义务而给对方造成损失的，对方可以要求赔偿吗？

◆ 案例分析

某公司为了在 6 月 1 日让员工顺利更换统一的夏装，派人到某服装厂订购服装，双方经过洽谈达成了合作意向，并签订了合同意向书，约定该公司在统计完毕人数后，4 月 20 日前与服装厂签订正式的合同。但是在约定的签订合同那天，服装厂告知该公司，其与另一家科技公司签订了合同，不能按时完成该公司的任务，所以取消合作。该公司联系了另几家服装厂，由于时间紧迫，其他服装厂都要求支付加急费。该公司无奈，只能花费比原来价格高出 50% 的费用，与另外一家服装厂签订了合同。本案中，双方签订了合同意向书后，因服装厂不履行订立合同的义务而给该公司造成了损失，公司可以要求服装厂赔偿吗？

◆ 法律解析

本案中，某公司和某服装厂经过协商，达成了合作意向才签订了合同意向书。意向书的签订表明，该服装厂同意接受该公司的服装生产任务。但是，该服装厂因又接了另一家科技公司的服装生产任务而无法按时完成该公司的任务故取消合作，在有限的时间里，该公司只能另行支付较高的费用，给公司带来了损失。事实上，某公司与某服装厂签订的意向书构成预约合同，根据《民法典》第四百九十五条的规定，某服装厂不按意向书与某公司签订合同，某公司可按照意向书要求其承担违约责任以弥补自己的损失。

◆ 法律条文

《中华人民共和国民法典》

第四百九十五条 当事人约定在将来一定期限内订立合同的认购书、订购书、预订书等，构成预约合同。

当事人一方不履行预约合同约定的订立合同义务的，对方可以请求其承担预约合同的违约责任。

深度解析

买卖合同关系中，买卖双方当事人签订预约合同后没有如约履行义务时，也应当承担相应的法律责任。所谓预约合同，是合同双方当事人为约定双方将来签订合同而成立的合同，其本质也是一种契约，对双方当事人也具有法律效力，如当事人签订了预约合同，表示其在规定时间内签订买卖合同，如一方未能履行订立合同的义务，应对给另一方造成的损失予以赔偿。

30. 合同生效后发现一方经营状况恶化，另一方可以采取什么措施维护自身利益？

◆ 案例分析

6月23日，某商贸公司与某运输公司签订了一份运输合同，合同约定：7月10日，运输公司负责为商贸公司运送一批货物，商贸公司须在7月18日前支付运输费用共计5万元。合同生效后，运输公司调配车辆，准备此次运输任务。运输公司经理蔡某的表弟为该商贸公司的员工，7月5日，蔡某表弟告诉蔡某该商贸公司经营状况严重恶化了。那么，在合同生效后发现一方经营状况恶化，另一方可以采取什么措施维护自身利益？

◆ 法律解析

运输公司与商贸公司签订运输合同后，该运输公司了解到商贸公司出现了经营状况严重恶化的问题，可以提出拒绝履行合同，这属于我国《民法典》第五百二十七条规定的根据不安抗辩权可以中止履行的情形。但是实践中针对不安抗辩权，需要先给付义务人有确切证据证明后给付义务人有让其不安的行为才可以行使。同时后给付义务人收到中止履行的通知后，在合理的期限内未恢复履行能力或者未提供适当担保的，先给付义务人有权解除合同。本案中，运输公司在得到确凿的证据证明商贸公司经营状况严重恶化后，应让其提供适当担保，否则拒绝履行合同是不合法的。

◆ 法律条文

《中华人民共和国民法典》

第五百二十七条 应当先履行债务的当事人，有确切证据证明对方有下列情形之一的，可以中止履行：

（一）经营状况严重恶化；

（二）转移财产、抽逃资金，以逃避债务；

（三）丧失商业信誉；

（四）有丧失或者可能丧失履行债务能力的其他情形。

当事人没有确切证据中止履行的，应当承担违约责任。

第五百二十八条 当事人依据前条规定中止履行的，应当及时通知对方。对方提供适当担保的，应当恢复履行。中止履行后，对方在合理期限内未恢复履行能力且未提供适当担保的，视为以自己的行为表明不履行主要债务，中止履行的一方可以解除合同并可以请求对方承担违约责任。

深度解析

所谓不安抗辩权，是指双务合同中先给付义务人在有证据证明后给付义务人的履行能力明显降低，有不能为对待给付的现实危险，丧失或者可能丧失履行债务能力的情况时，中止自己合同履行义务的权利。不安抗辩权使合同双方当事人的权利义务关系可以保持一定的平衡，充分体现了公平原则，但需要注意的是，先给付义务人必须有充分的证据，才能中止合同履行；其也可以要求对方提供相应担保，否则其还有权单方面解除合同。

31. 附生效条件的合同什么时候生效?

◆ 案例分析

钟某买了一套正在建设中的房子。为了尽快装修完毕入住，钟某与装修公司签订了装修合同，合同约定钟某拿到房子的钥匙之后，装修公司即开始进行装修。2 月 1 日，钟某拿到了房子的钥匙，同时他找到了另外一家更好的装修公司。于是，当已签合同那家装修公司找到钟某准备开始装修时，钟某以装修合同没有生效为由拒绝其进行装修。那么，钟某与装修公司订立的这种附生效条件的合同什么时候生效?

◆ 法律解析

根据《民法典》第一百五十八条的规定，附生效条件的民事法律行为，自条件成就时生效。钟某与装修公司签订合同，约定钟某拿到房子的钥匙之后，装修公司即开始进行装修，即钟某拿到房子的钥匙之后装修合同生效，双方开始履行合同义务。此合同是附生效条件的合同。此外，如现实中承租方与出租方约定“如果出租人的儿子结婚需要用房，承租方将搬出出租房”是附解除条件的合同。无论是附生效条件还是附解除条件，都是本着公平、公正的目的，维护当事人双方的合法利益，如果当事人为自己的利益不正当地阻止条件成就的，视为条件已成就；不正当地促成条件成就的，视为条件不成就。本案中，2 月 1 日，钟某拿到了房子的钥匙，此时其与装修公司的合同已经生效，钟某应该按照合同的约定为装修公司顺利进行装修创设有利条件，并支付相应的装修款项，否则就要承担违约责任。

◆ 法律条文

《中华人民共和国民法典》

第一百五十八条　民事法律行为可以附条件，但是根据其性质不得附条件的除外。附生效条件的民事法律行为，自条件成就时生效。附解除条件的民事法律行为，自条件成就时失效。

第一百五十九条　附条件的民事法律行为，当事人为自己的利益不正当地阻止条件成就的，视为条件已经成就；不正当地促成条件成就的，视为条件不成就。

深度解析

当事人对合同的效力可以约定附条件。所附条件可分为生效条件和解除条件。生效条件是指使合同的效力发生或者不发生的条件。在此条件出现之前，合同的效力处于不确定状态，当此条件出现后，即条件成就后，合同生效；当条件没有出现（或成就），合同也就不生效。解除条件又称消灭条件，是指对具有效力的合同，当合同约定的条件出现（或成就）时，合同的效力归于消灭；若确定该条件不出现（不成就），则该合同仍确保其效力。这里需要特别指出的是，附条件的合同虽然要在所附条件出现时生效或者失效，但是对当事人仍然具有法律约束力，双方当事人不能随意变更或者解除。一旦符合所附条件时，一方如果不履行，就要赔偿因此给对方造成的损失。

32. 当事人的保密义务在合同的权利义务终止后还需要继续履行吗？

◆ 案例分析

热爱钻研的田某某经过多次试验制造出一种新型播种机，为了推广这种机器，他找到某机械制造厂合作，双方签订了合作协议。协议约定：由机械制造厂按照田某某的要求制造 10 台该播种机，田某某按照每台 5 万元的价格支付给机械厂费用。同时机械厂要履行保密义务。一个月后，该机械制造厂如约完成了任务，田某某检验合格后，支付给机械厂共计 50 万元。本案中，机械制造厂的保密义务在合同的权利义务终止后还需要继续履行吗？

◆ 法律解析

合同的履行是一个前后相续的过程，包括履行合同义务的准备阶段、执行阶段，还包括义务执行完的善后阶段。诚信原则是合同履行各阶段的最高指导原则，合同当事人在履行完合同后，要以诚信原则为指导维护对方当事人的合法权益，履行后合同义务。因为后合同义务不是合同中双方约定的，违反后合同义务的行为构成违法行为而非违约行为。合同也是一种债，我国《民法典》第五百五十八条规定："债权债务终止后，当事人应当遵循诚信等原则，根据交易习惯履行通知、协助、保密、旧物回收等义务。"本案中，机械制造厂在制造播种机过程中非常清楚播种机的核心技术所在，合同履行完毕，其未经田某某允许不得使用、泄露其所知悉的商业秘密，以维护田某某的合法利益。

◆ 法律条文

《中华人民共和国民法典》

第五百五十八条 债权债务终止后，当事人应当遵循诚信等原则，根据交易习惯履行通知、协助、保密、旧物回收等义务。

深度解析

后合同义务，指合同的权利义务终止后，当事人依照法律的规定，遵循诚信原则，根据交易习惯履行的义务。后合同义务通常包括以下几方面：（1）通知的义务。合同权利义务终止后，一方当事人应当将有关情况及时通知另一方当事人。（2）协助的义务。合同的权利义务终止后，当事人应当协助对方处理与原合同有关的事务。（3）保密的义务。保密指保守国家秘密、商业秘密和合同约定不得泄露的事项。（4）旧物回收的义务。这是民法典新增的义务。如果没有履行以上后合同义务规定的内容给对方当事人造成了损失，对方当事人可以要求其赔偿损失，赔偿的基础就在于其违反了后合同义务。

33. 因一方提前履行合同而增加的费用，该由谁来负？

◆ 案例分析

某大型生活超市和某电器厂家签订了 10 台电冰箱的进货
双方在合同中约定好在 5 月底交货。5 月初，电器厂家致电
将提前交货。超市方表示目前库房没有闲置空间存放这 10 台
箱，只有按照合同的约定 5 月底送货，库房才能安排出位置　电
器厂家还是提前将货送到。超市方看电冰箱已经到货，但目　房
确实没有位置安排，而距离正式交货日期还有半个月的时　市
方欲和电器厂家协商，在距离超市不远处暂时租赁一间库　这
10 台电冰箱，而租赁的费用由电器厂家担负。超市的　合
理吗？

◆ 法律解析

本案中，由于电器厂家提前送货而致使超市无法安排收货，只能另租库房，因此产生的费用应由电器厂家承担。根据我国《民法典》第五百三十条、第六百零四条的规定，约定履行期限的合同，应当在约定的履行期限内履行。如果合同一方提前履行合同，应提前通知对方，而不得损害对方的利益。因合同一方提前履行债务给另一方增加的费用，由提前履行合同方来承担。

◆ 法律条文

《中华人民共和国民法典》

第五百三十条 债权人可以拒绝债务人提前履行债务，但是提前履行不损害债权人利益的除外。

债务人提前履行债务给债权人增加的费用，由债务人负担。

第六百零四条 标的物毁损、灭失的风险，在标的物交付之前由出卖人承担，交付之后由买受人承担，但是法律另有规定或者当事人另有约定的除外。

深度解析

《民法典》第六百零四条是关于合同标的物风险转移的规定。标的物的毁损、灭失风险，应当由标的物的所有人承担，但是在合同的履行过程中，会出现标的物的所有权转移，那么，在这一过程中，标的物的风险如何转移呢？该条文明确规定，除法律或者当事人另行约定外，标的物的风险分配原则一般以交付为界限，即在标的物交付之前由出卖人承担，交付之后由买受人承担。

34. 合同双方约定第三人履行债务，如未履行，由谁承担违约责任？

◆ 案例分析

某服装加工厂与养羊专业户杨某签订羊毛供给合同，合同期为两年，两年内杨某每月应向服装加工厂提供一定数量的羊毛，服装加工厂按时结算羊毛款。在合同履行半年后，杨某的养殖场卖给了马某，并与马某约定以后由其继续给服装加工厂提供羊毛，服装加工厂对此表示同意。但两个月后马某准备改养家禽类动物，便与羊肉经销商吕某签订了一份出售全部羊群的合同，由于羊群出售，因此无法继续向服装加工厂提供羊毛。而服装加工厂正好到了销售旺季，急需羊毛进行服装加工制作，没有固定的羊毛供给给其造成了很大的损失。那么，服装加工厂应当向谁主张违约责任，要求赔偿呢？

◆ 法律解析

商业交易中，常常会出现合同双方当事人约定由合同以外的第三人代替债务人向债权人履行合同义务的情形，即第三人代为履行合同义务。在这种情况下，当第三人不履行合同义务时，由于合同具有相对性，债权人无法要求该第三人履行合同，故只能要求债务人承担违约责任，赔偿损失。对此，我国《民法典》第五百二十三条有明确规定："当事人约定由第三人向债权人履行债务，第三人不履行债务或者履行债务不符合约定的，债务人应当向债权人承担违约责任。"本案中，马某作为合同当事人杨某与服装加工厂之外的第三人，根据约定，应当由他向服装加工厂提供羊毛，但马某没有按照约定向服装加工厂供货，对于给服装加工厂造成的损失，服装加工厂应当向合同相对人杨某主张违约责任，并要求赔偿损失。

◆ 法律条文

《中华人民共和国民法典》

第五百二十三条 当事人约定由第三人向债权人履行债务，第三人不履行债务或者履行债务不符合约定的，债务人应当向债权人承担违约责任。

深度解析

合同是一种契约，具有相对性，即合同一方当事人只能向合同的另一方当事人就合同相关事项提出请求，而不能涉及合同以外的第三人。一旦合同履行不能，债权人只能向债务人提出违约赔偿请求，除非第三人也作为合同的一方与之签订协议。

35. 对于试用商品，消费者是否应当向商家支付使用费？

◆ 案例分析

二华与三丫为了结婚购买了一套新房，装修完毕之后想要将房间自带的防盗门换掉，为此两人在市场上观察了很久都难以抉择，很担心防盗门买回去之后会大小不符或者有其他问题。正巧此时有一家销售防盗门的商家提供了先试用后付款的新式服务，二人惊喜之下挑选了一款要求试用。防盗门安装后非常合适，两人都比较满意，所以打算第二天就去付款。谁料就在第二天准备出门的时候，二华竟然发现防盗门在打开的时候发出了难听的吱吱声，忍受不了的他便来到销售处准备退货，却被告知如果不购买就要交付一定的使用费，商家这样的规定是否合法？

◆ 法律解析

二华、三丫与商家之间因安装试用防盗门形成试用买卖关系，在双方没有约定需要支付使用费的情况下，商家无权在二华、三丫要求退货时让其支付费用，这种做法是不合法的。根据《民法典》第六百三十九条“试用买卖的当事人对标的物使用费没有约定或者约定不明确的，出卖人无权请求买受人支付”的规定，本案中，商家并未对试用期间是否支付试用费用与二华进行约定，所以，二华因对防盗门的质量不满意而决定不购买时，商家没有权利向二华索要使用费。

◆ 法律条文

《中华人民共和国民法典》

第六百三十九条 试用买卖的当事人对标的物使用费没有约定或者约定不明确的，出卖人无权请求买受人支付。

深度解析

所谓试用买卖，是指约定买受人先行试用标的物，然后在一定期间内再决定是否购买的买卖合同。对于试用买卖是否需要支付试用费，可以由买卖双方自由协商，而如果双方对此没有约定或者约定不明的，法律认定为免费试用，出卖人无权在事后要求买受人支付使用费。

36. 不履行所附义务，附义务的赠与合同可以撤销吗？

◆ 案例分析

小花与大郎约定，如果大郎坚持每天送其上下班一个月，就把自己戴了10年的玉耳环送给他。大郎本来对此无动于衷，后来小莲听说后便要求大郎去把小花的耳环拿来送给自己，大郎对小莲心仪已久，听小莲这样说便答应了小花。小花十分开心，就把耳环交给了大郎，并约定从第二天开始就由大郎来接送自己。可是大郎第二天没有去接小花，还远远躲着她，小花既伤心又生气。那么小花是否可以要回自己赠与大郎的耳环呢？

◆ 法律解析

小花可以撤销与大郎之间的赠与行为，要回赠与大郎的耳环。根据我国《民法典》第六百六十一条、第六百六十三条的规定，赠与可以附义务，受赠人应当按照约定履行义务。受赠人不履行赠与合同约定的义务的，赠与人可以撤销赠与。本案中，小花与大郎达成附义务赠与合同后，如果大郎确实没有按照与小花约定的时间接送小花上下班，那么，小花可以撤销赠与，要求大郎返还耳环。

◆ 法律条文

《中华人民共和国民法典》

第六百六十一条 赠与可以附义务。

赠与附义务的，受赠人应当按照约定履行义务。

第六百六十三条 受赠人有下列情形之一的，赠与人可以撤销赠与：

（一）严重侵害赠与人或者赠与人近亲属的合法权益；

（二）对赠与人有扶养义务而不履行；

（三）不履行赠与合同约定的义务。

赠与人的撤销权，自知道或者应当知道撤销事由之日起一年内行使。

深度解析

附义务的赠与要求受赠人应该按照约定履行自己的义务，没有履行自己义务的受赠人就没有权利接受赠与人的赠与。在与赠与初衷相悖的情况下，法定撤销权将有效救济赠与人。

37. 借款合同未约定利息是否表示借款没有利息?

◆ 案例分析

向某做建筑生意失败，亏得血本无归，连居住的房子都被卖了支付工人工资。袁某见朋友向某为了工人们自己都无处安身，便主动借给其 1 万元，让其去租一个房子来生活，待日后有钱时再还。向某收下钱之后便租了房子，在路边摆摊挣钱谋生，慢慢地也积累了一些钱财。但是后来却不知不觉染上了赌博的恶习，好友袁某看不下去，气愤之下便找到向某要求还钱，向某还给了袁某 1 万元，袁某还要求向某偿还利息。虽然袁某是气不过向某沾染赌博才要求其偿还利息，但其是否可以要求向某偿还利息呢?

◆ 法律解析

向某无须向袁某支付利息。根据我国《民法典》第六百八十条的规定，自然人之间的借款合同对支付利息没有约定或者约定不明确的，视为不支付利息。本案中，向某按照约定履行了自己的义务，根据袁某的要求偿还了欠款，袁某向向某要求支付利息，因其事先并未约定，所以得不到法律的支持。

◆ 法律条文

《中华人民共和国民法典》

第六百八十条 禁止高利放贷，借款的利率不得违反国家有关规定。

借款合同对支付利息没有约定的，视为没有利息。

借款合同对支付利息约定不明确，当事人不能达成补充协议的，按照当地或者当事人的交易方式、交易习惯、市场利率等因素确定利息；自然人之间借款的，视为没有利息。

深度解析

自然人之间的借贷具有一定的基础关系，多为亲朋之间、邻里之间等熟人借贷，以无偿借贷状态居多，因此，立法者确立借款利息问题时采取了尊重这一基础关系的立法态度，即自然人之间借款合同对利息的约定，不得违反国家有关限制借款利率的规定；当事人对借款利息没有约定或者约定不明确的，视为无息借款。

38. 面对定作人拖欠定作费用时，承揽人应当如何维护自身权益？

◆ 案例分析

冯某在开车途中与人斗气，导致两车碰撞车辆损坏，协商赔偿后将汽车开往修理厂进行修理。修理厂按照约定时间将汽车修理好之后联系冯某前来取车并支付修理费用。冯某只身前来取车，然而没有交付修理费。他表示自己没带钱，能否先将汽车开走，处理完事情之后再来交费，修理厂无奈同意。谁料冯某将车开走后的第三天又因为车子发生剐蹭回到修理厂，修理厂对车子进行修理后要求冯某支付两次修车的费用，但冯某仍然以没带钱为由拒绝交钱，这种情况下，修理厂是否可以留置冯某的车辆？

◆ 法律解析

冯某应当按照修理厂的要求支付修理费，否则修理厂可以对冯某的汽车进行留置，直至冯某支付修理费。我国《民法典》第七百八十二条和第七百八十三条规定，定作人应当按照约定的期限支付报酬。定作人未向承揽人支付报酬或者材料费等价款的，承揽人对完成的工作成果享有留置权或者有权拒绝交付。本案中，冯某应当在第一次修理后向修理厂支付修理费，然而却未支付。第二次修理汽车后，冯某仍拒绝支付，对于冯某两次拒绝支付修理费的情况，修理厂都可以对冯某的汽车行使留置权，然后通知冯某在适当的期限内支付修理费取回汽车，否则，修理厂可以处置该辆汽车，将所得价款用来支付自己的报酬及其他管理费用。

◆ 法律条文

《中华人民共和国民法典》

第七百八十二条 定作人应当按照约定的期限支付报酬。对支付报酬的期限没有约定或者约定不明确，依据本法第五百一十条的规定仍不能确定的，定作人应当在承揽人交付工作成果时支付；工作成果部分交付的，定作人应当相应支付。

第七百八十三条 定作人未向承揽人支付报酬或者材料费等价款的，承揽人对完成的工作成果享有留置权或者有权拒绝交付，但是当事人另有约定的除外。

深度解析

定作人应当按照合同约定的期限向承揽人支付报酬、材料费、保管费等价款，合同对此约定不明确的，定作人应当在承揽人交付工作成果时支付相应价款。定作人未按合同期限支付承揽人报酬的，承揽人依法对其工作成果享有留置权或者有权拒绝交付，承揽人可以处置该成品以支付自己的报酬，也可以在定作人支付相应报酬时交付该成品。

39. 中介人向委托人隐瞒真实情况应当承担什么责任？

◆ 案例分析

成都某商场想要组织一场晚会，便找到夏某请求帮忙。夏某混迹各大酒吧与娱乐圈之中，与多名主持人和歌手相识，因此该商场便委托夏某介绍专业的主持人和歌手承办晚会。因为夏某熟识的几名有能力的主持人和歌手档期已满，夏某不得已找来几名酒吧歌手和非专业主持人，向商场隐瞒了主持人和歌手并非专业的情况，促成商场与这些非专业的歌手和主持人签订了合同。晚会开始后，主持人的控制能力不强和歌手的基本功不扎实导致晚会频出问题。之后商场方面找到夏某要求返还报酬并赔偿损失，商场的要求是否合理？

◆ 法律解析

商场要求夏某返还报酬并赔偿损失的要求是合理的。在市场经济中，由于交易双方在交易前互不了解，因此可能寻求具有中间立场并且具有一定专业素质的人或者公司，来对交易进行经济或者信誉上的担保，以推动买卖顺利进行，中介人应运而生。我国《民法典》第九百六十二条规定，中介人应当就有关订立合同的事项向委托人如实报告。中介人故意隐瞒与订立合同有关的重要事实或者提供虚假情况，损害委托人利益的，不得请求支付报酬并应当承担赔偿责任。本案中，夏某对商场隐瞒主持人和歌手非专业的真实情况，依法应当退还商场交付的报酬并赔偿因此造成的损失。

◆ 法律条文

《中华人民共和国民法典》

第九百六十二条 中介人应当就有关订立合同的事项向委托人如实报告。

中介人故意隐瞒与订立合同有关的重要事实或者提供虚假情况，损害委托人利益的，不得请求支付报酬并应当承担赔偿责任。

深度解析

委托人与中介人订立中介合同，往往是由于信息不够灵通，才请中介人为自己办理事务，其目的就在于通过中介人找到订约的机会。中介人应将订约的有关事项（包括相对人的资信状况，生产能力、产品质量以及履约能力等与订立合同有关事项）提供给委托人，供其选择。这是中介人在中介合同中承担的报告义务，中介人应依诚信原则履行此项义务。

第四章
道路交通安全法律知识

关于机动车，任何单位或者个人不得有的行为

- 拼装机动车或者擅自改变机动车已登记的结构、构造或者特征
- 改变机动车型号、发动机号、车架号或者车辆识别代号
- 伪造、变造或者使用伪造、变造的机动车登记证书、号牌、行驶证、检验合格标志、保险标志
- 使用其他机动车的登记证书、号牌、行驶证、检验合格标志、保险标志

机动车不得超车的情形

- 前车正在左转弯、掉头、超车的
- 与对面来车有会车可能的
- 前车为执行紧急任务的警车、消防车、救护车、工程救险车的
- 行经铁路道口、交叉路口、窄桥、弯道、陡坡、隧道、人行横道、市区交通流量大的路段等没有超车条件的

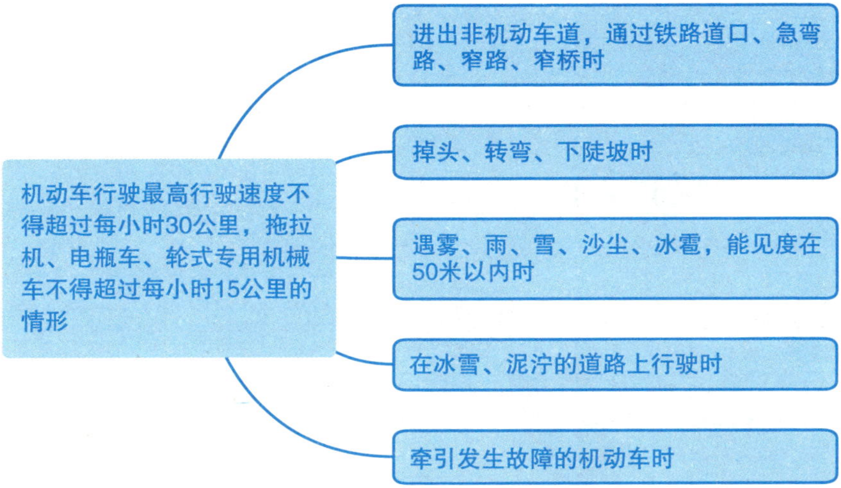
机动车行驶最高行驶速度不得超过每小时30公里，拖拉机、电瓶车、轮式专用机械车不得超过每小时15公里的情形
进出非机动车道，通过铁路道口、急弯路、窄路、窄桥时
掉头、转弯、下陡坡时
遇雾、雨、雪、沙尘、冰雹，能见度在50米以内时
在冰雪、泥泞的道路上行驶时
牵引发生故障的机动车时

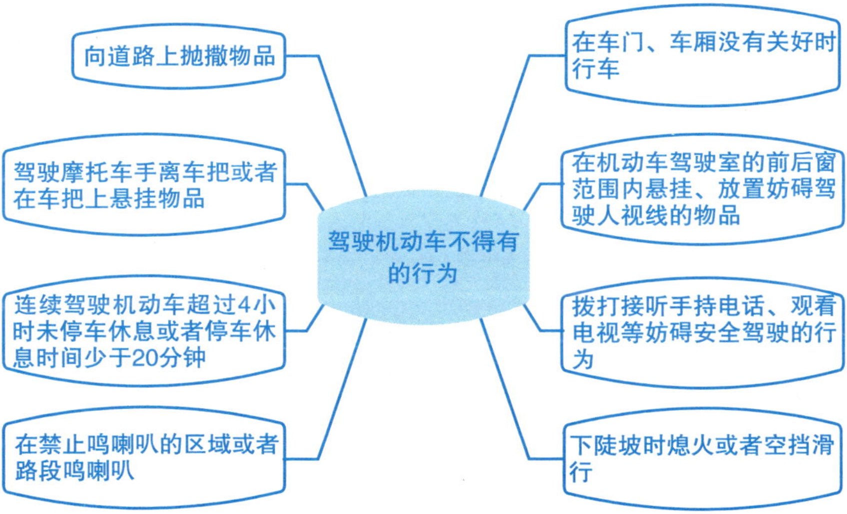
驾驶机动车不得有的行为
向道路上抛撒物品
驾驶摩托车手离车把或者在车把上悬挂物品
连续驾驶机动车超过4小时未停车休息或者停车休息时间少于20分钟
在禁止鸣喇叭的区域或者路段鸣喇叭
在车门、车厢没有关好时行车
在机动车驾驶室的前后窗范围内悬挂、放置妨碍驾驶人视线的物品
拨打接听手持电话、观看电视等妨碍安全驾驶的行为
下陡坡时熄火或者空挡滑行

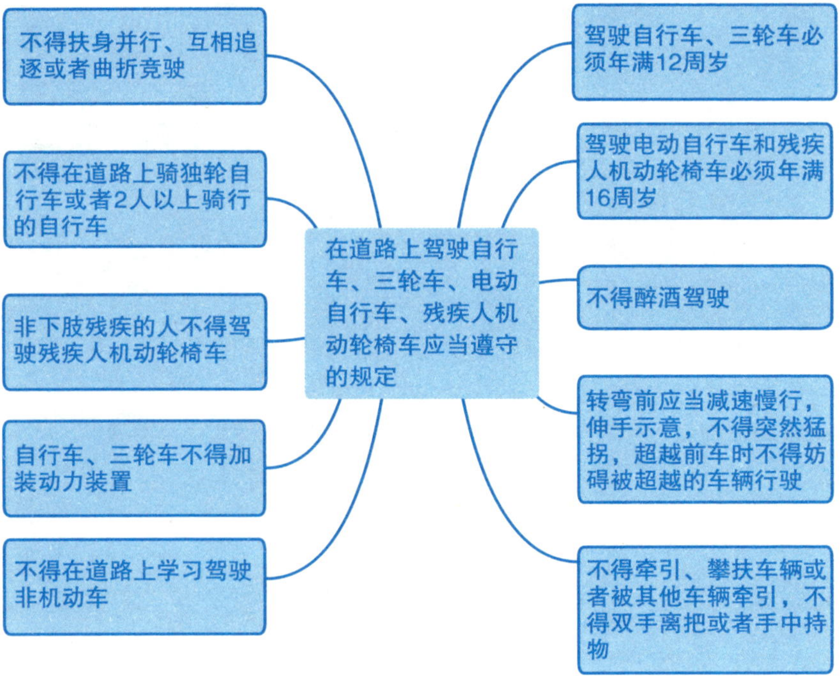
在道路上驾驶自行车、三轮车、电动自行车、残疾人机动轮椅车应当遵守的规定
不得扶身并行、互相追逐或者曲折竞驶
不得在道路上骑独轮自行车或者2人以上骑行的自行车
非下肢残疾的人不得驾驶残疾人机动轮椅车
自行车、三轮车不得加装动力装置
不得在道路上学习驾驶非机动车
驾驶自行车、三轮车必须年满12周岁
驾驶电动自行车和残疾人机动轮椅车必须年满16周岁
不得醉酒驾驶
转弯前应当减速慢行，伸手示意，不得突然猛拐，超越前车时不得妨碍被超越的车辆行驶
不得牵引、攀扶车辆或者被其他车辆牵引，不得双手离把或者手中持物

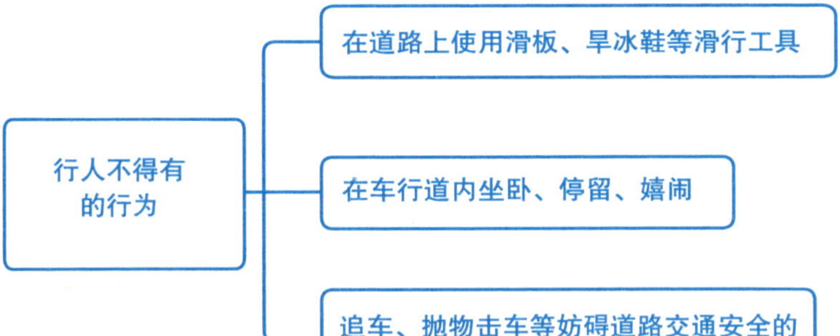
行人不得有的行为
在道路上使用滑板、旱冰鞋等滑行工具
在车行道内坐卧、停留、嬉闹
追车、抛物击车等妨碍道路交通安全的行为

机动车在高速公路上行驶，不得有的行为

- 倒车、逆行、穿越中央分隔带掉头或者在车道内停车
- 在匝道、加速车道或者减速车道上超车
- 骑、轧车行道分界线或者在路肩上行驶
- 非紧急情况时在应急车道行驶或者停车
- 试车或者学习驾驶机动车

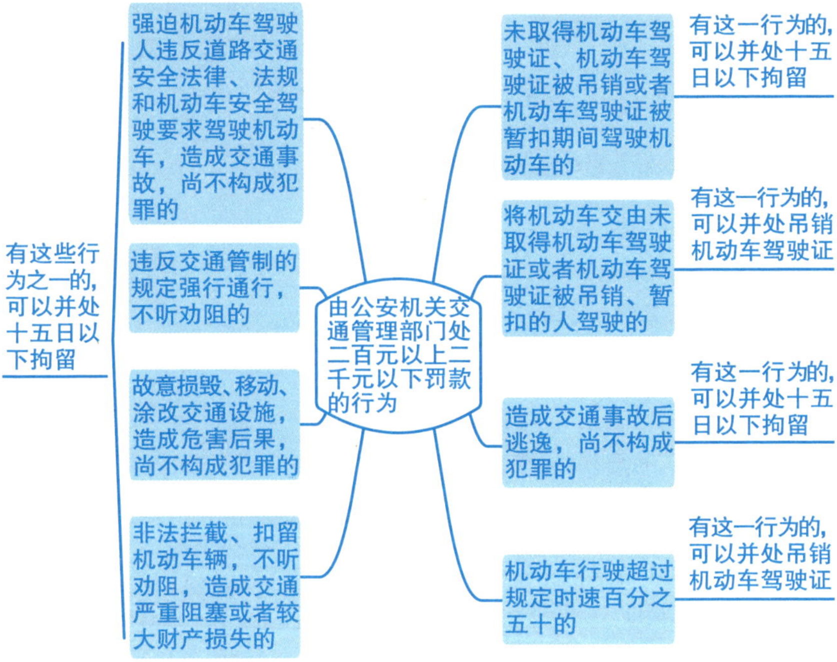
由公安机关交通管理部门处二百元以上二千元以下罚款的行为
强迫机动车驾驶人违反道路交通安全法律、法规和机动车安全驾驶要求驾驶机动车，造成交通事故，尚不构成犯罪的
违反交通管制的规定强行通行，不听劝阻的
故意损毁、移动、涂改交通设施，造成危害后果，尚不构成犯罪的
非法拦截、扣留机动车辆，不听劝阻，造成交通严重阻塞或者较大财产损失的
有这些行为之一的，可以并处十五日以下拘留
未取得机动车驾驶证、机动车驾驶证被吊销或者机动车驾驶证被暂扣期间驾驶机动车的
有这一行为的，可以并处十五日以下拘留
将机动车交由未取得机动车驾驶证或者机动车驾驶证被吊销、暂扣的人驾驶的
有这一行为的，可以并处吊销机动车驾驶证
造成交通事故后逃逸，尚不构成犯罪的
有这一行为的，可以并处十五日以下拘留
机动车行驶超过规定时速百分之五十的
有这一行为的，可以并处吊销机动车驾驶证

40. 当事人故意破坏证据应承担哪些责任呢?

◆ 案例分析

一天，李某下夜班开车回家，因为一夜没睡所以精神有些恍惚，一不小心便撞倒了路边的行人贾某。贾某被撞后昏迷且流血不止，李某很害怕，看四下无人便将贾某拖至路旁，清理好现场后逃走。那么，对于这种故意破坏证据的行为，李某应该承担哪些责任呢?

◆ 法律解析

根据我国《道路交通安全法实施条例》第九十二条的规定，当事人故意破坏交通事故现场的，承担全部责任。这体现了主观故意对责任承担的影响。本案中李某破坏现场的行为，应该认定为主观上的“故意”，而贾某在路边行走，其不需承担任何责任。所以，李某故意破坏现场应承担全部责任。

◆ 法律条文

《中华人民共和国道路交通安全法实施条例》

第九十二条　发生交通事故后当事人逃逸的，逃逸的当事人承担全部责任。但是，有证据证明对方当事人也有过错的，可以减轻责任。

当事人故意破坏、伪造现场、毁灭证据的，承担全部责任。

深度解析

完好的交通事故现场是事后正确处理交通事故，准确认定当事人之间责任的关键。当事人切莫心存侥幸，弄虚作假，终究误人害己。当事人逃逸，破坏、伪造现场都属于违法行为，依法应承担相应的法律后果。

41. 对于因抢救受伤人员需要保险公司支付抢救费用的情况，应该由谁通知保险公司?

◆ 案例分析

国庆黄金周，黄某开车带家人外出旅游。因为正值旅游高峰期，来往的车辆和行人都非常多，大家你争我夺、见缝插针、互不相让。黄某为了躲避突然窜出的行人紧急拐弯撞到了路边的桥墩。黄某受了伤，被送进医院，但是由于没有足够的医药费而需要保险公司支付。那么，对于因抢救受伤人员需要保险公司支付抢救费用的情况，应该由谁来通知保险公司呢?

◆ 法律解析

根据我国《道路交通安全法实施条例》第九十条规定，在因抢救伤员需要保险公司或者道路交通事故社会救助基金管理机构支付抢救费用的情况下，由公安机关通知相关部门。也就是说，公安机关在一定情况下有责任通知保险公司或者道路交通事故社会救助基金管理机构支付医疗费。保险公司、道路交通事故社会救助基金管理机构在接到公安机关交通管理部门通知后，经核对应当及时向医疗机构支付或者垫付抢救费用。本案中，公安机关有责任通知保险公司支付黄某的抢救费用。

◆ 法律条文

《中华人民共和国道路交通安全法实施条例》

第九十条 投保机动车第三者责任强制保险的机动车发生交通事故，因抢救受伤人员需要保险公司支付抢救费用的，由公安机关交通管理部门通知保险公司。

抢救受伤人员需要道路交通事故救助基金垫付费用的，由公安机关交通管理部门通知道路交通事故社会救助基金管理机构。

深度解析

发生交通事故后，需要由保险公司或者道路交通事故社会救助基金垫付费用的，公安机关负有通知义务。如此规定，一方面有利于抢救受伤人员，另一方面有利于保险公司快速到达现场，调查情况，快速理赔。

42. 如果当事人对交通事故损害赔偿有异议，可以直接向法院起诉吗?

◆ 案例分析

一次，曲某在下班回家途中被一辆飞驰而来的轿车撞伤，经检查，其有三根肋骨骨折，左腿韧带严重挫伤。对此次事故，该轿车司机白某表示愿意承担曲某的治疗费用，并在曲某出院后赔偿其现金 5000 元。曲某对白某的赔偿金额不太满意，但是双方都不愿让步，于是，曲某向当地人民法院提起诉讼，要求白某按照国家规定的标准对自己进行赔偿。那么，曲某的做法对吗？如果当事人对交通事故损害赔偿有异议，可以直接向法院起诉吗？

◆ 法律解析

根据我国《道路交通安全法》第七十四条第一款的规定，对交通事故损害赔偿存在争议的当事人，既可以请求公安机关交通管理部门进行调解，也可以直接就损害赔偿争议向法院提起诉讼。也就是说，由公安机关交通管理部门调解赔偿，不是交通事故双方当事人争议解决的必经程序，是否调解是由当事人自己决定的，而不是公安机关交通管理部门依职权所做的行为。所以本案曲某对交通事故损害赔偿的争议是可以直接起诉的。

◆ 法律条文

《中华人民共和国道路交通安全法》

第七十四条第一款 对交通事故损害赔偿的争议，当事人可以请求公安机关交通管理部门调解，也可以直接向人民法院提起民事诉讼。

深度解析

当事人因交通事故损害赔偿有争议的，可以采取调解或者诉讼的方式解决，即当事人可以请求公安机关交通管理部门进行调解，也可以直接向人民法院提起民事诉讼。调解不是交通事故损害赔偿争议处理的前置程序，当事人可以不经过调解而直接以诉讼方式解决争议。

43. 双方当事人已经对调解达成了协议，还可以再起诉吗？

◆ 案例分析

某日，范某下班骑车回家，途经一个“丁”字路口时不幸被一辆白色捷达轿车撞伤。在范某住院期间，白色捷达车车主梁某经常来医院看望他，而且范某意外得知梁某和自己的表姐是同事。碍于情面，双方很快就达成了协议，由梁某赔偿范某医药费 5000 元。但是就在双方达成协议后，范某身边的朋友都说梁某的赔偿金额太少了，范某听后又有些后悔，想给自己多争取一些利益。于是，他打算向当地法院提起诉讼，要求法院重新确定赔偿金额。那么，在这种情况下，范某还能够再起诉吗？

◆ 法律解析

根据我国《道路交通安全法》第七十四条第二款的规定，交通事故损害赔偿的争议经过交通管理部门调解，只要是最终没有达成调解协议或者未履行生效调解的，当事人就可以向法院提起诉讼。本案中双方当事人之前已自愿达成了赔偿协议，这份协议是合法有效的，因此，范某只有在梁某不履行调解协议时才可向人民法院提起民事诉讼。

◆ 法律条文

《中华人民共和国道路交通安全法》

第七十四条第二款 经公安机关交通管理部门调解，当事人未达成协议或者调解书生效后不履行的，当事人可以向人民法院提起民事诉讼。

深度解析

法律既允许当事人以调解方式解决交通事故损害赔偿争议，也允许当事人直接通过诉讼方式解决争议。为充分保障交通事故当事人的利益，我国法律也未剥夺当事人在调解后再进行诉讼的权利，但是有一个前提条件，即必须是当事人未达成协议或者调解书生效后一方当事人不履行协议内容。

44. 交通事故认定书与法院判决书哪个更有效?

◆ 案例分析

2020 年 3 月，张某开车经过某闹市区街道，由于车辆过多，张某开车很小心，但还是与一辆突然出现的逆行轿车相撞，对方司机受伤住院治疗。事后，交警作出事故认定，张某负全责，赔偿对方医疗费。张某认为是对方不遵守交通规则，逆向行驶导致了事故的发生，于是向法院起诉。法院审理发现，的确是对方逆行导致的车祸，对方司机对事故负有责任。法院判决对方司机赔偿张某 5 万元。对方司机认为交通事故认定书已经对此作出了处理决定，法院没有权利干涉，拒不赔偿。那么交通事故认定书与法院判决书哪个更有效?

◆ 法律解析

交通事故认定书在庭审中只是一种“证据”。所谓“证据”，即证明案件真实情况的事实，其实质是对当事人应承担的过失作出的判断。道路交通事故认定只是对交通事故原因和责任的确认，交通事故责任认定书中的“责任”不是民事责任，也非行政责任或刑事责任，其并不等同于民事责任的划分。根据我国最高人民法院的司法解释，法院应当依据但不能绝对依据交通事故认定书认定的责任比例判决责任方承担同等比例的赔偿，应根据不同案例区别对待。法院可以在民事诉讼中对道路交通事故责任认定进行附带性审查，可以采用或拒绝采用责任认定书。

本案中，对方司机不遵守交通规则逆向行驶，故负全责。法院在审查交通事故认定书后发现交警并没有认清事故发生的原因，因此推翻了该交通事故认定书的认定结果，最后应以法院判决书为准。

◆ 法律条文

《最高人民法院关于审理道路交通事故损害赔偿案件适用法律若干问题的解释》

第二十四条 公安机关交通管理部门制作的交通事故认定书，人民法院应依法审查并确认其相应的证明力，但有相反证据推翻的除外。

深度解析

《最高人民法院关于审理道路交通事故损害赔偿案件适用法律若干问题的解释》第二十四条，是关于交通事故认定书有无证明力及证明力大小的规定。多数情况下，对于证据的证明力有无和大小，仍然要求审判员按照良知、理性和经验规则进行判断，但为防止认定的随意性，法律也有直接限制性规定。

45. 交通事故诉讼中能否将对方车投保的保险公司列为被告？

◆ 案例分析

2020 年 6 月 10 日下午 4 时 30 分左右，张某驾驶自有的马自达轿车沿市区裕华路由东向西行驶至花园街路口时，与从南向北行驶的由李某驾驶的奇瑞汽车相撞，造成张某受伤及两车受损的交通事故。某市公安交通警察支队第九交警大队派员到事故现场勘查，作出了交通事故认定书，认定李某承担事故全部责任，张某无责任。张某住院期间，李某到医院进行探望，张某要其赔偿，李某认为自己的车在保险公司投保了交强险，应由保险公司赔偿。张某想向人民法院提起诉讼，那么，张某能将为李某车辆承保交强险的保险公司列为被告吗？

◆ 法律解析

根据《最高人民法院关于审理道路交通事故损害赔偿案件适用法律若干问题的解释》第二十二条的规定可知，在道路交通事故损害赔偿起诉时，不仅法院可以将承保交强险的保险公司列为被告，当事人也可以请求将承保商业险的保险公司列为被告。承保交强险的保险公司要对受害人直接赔偿，不足部分再由承保商业险的保险公司按照事故责任比例对当事人进行赔偿。因此，本案中，张某是可以请求将承保交强险的保险公司列为共同被告的。

◆ 法律条文

《最高人民法院关于审理道路交通事故损害赔偿案件适用法律若干问题的解释》

第二十二条 人民法院审理道路交通事故损害赔偿案件，应当将承保交强险的保险公司列为共同被告。但该保险公司已经在交强险责任限额范围内予以赔偿且当事人无异议的除外。

人民法院审理道路交通事故损害赔偿案件，当事人请求将承保商业三者险的保险公司列为共同被告的，人民法院应予准许。

深度解析

在道路交通事故损害赔偿诉讼中，为了最大限度地保护当事人的利益，当事人不仅可以将承保交强险的保险公司列为共同被告，还可以将承保商业三者险的保险公司列为共同被告，但是承保交强险的保险公司已经在责任限额范围内予以赔偿且当事人无异议的，法院不应将其再列为共同被告。

46. 多辆车连环相撞造成人员受伤，事故车辆未承保交强险的应怎样对伤者进行赔偿?

◆ 案例分析

某日晚上 10 点多，吴某驾驶自己的大众朗逸轿车回家，行驶到中山路中段时，突然有人横穿马路。为了避免发生交通事故，吴某急踩刹车避让，结果跟在吴某车后的梁某、朱某由于刹车不及时，发生三车连撞的交通事故，事故造成梁某受伤、三车不同程度受损。梁某受伤后就治于某市第一人民医院，医疗费用 5 万多元。后梁某欲将吴某、朱某起诉到法院，但他发现朱某的车是新车，尚未办理交强险，那么，在赔偿时，朱某应怎样承担责任呢?

◆ 法律解析

根据《最高人民法院关于审理道路交通事故损害赔偿案件适用法律若干问题的解释》第十八条第三款的规定可知，多辆机动车发生交通事故造成第三人损害，其中有未投保交强险的，应先由已承保交强险的保险公司在其责任限额范围内予以赔偿，对于超出保险公司责任限额的部分，可以向未投保交强险的义务人或者侵权人追偿。本案中，应先由吴某的车辆承保交强险的保险公司在其责任限额内赔偿梁某，超出限额的部分，保险公司可以向朱某追偿。

◆ 法律条文

《最高人民法院关于审理道路交通事故损害赔偿案件适用法律若干问题的解释》

第十八条第三款 多辆机动车发生交通事故造成第三人损害，其中部分机动车未投保交强险，当事人请求先由已承保交强险的保险公司在责任限额范围内予以赔偿的，人民法院应予支持。保险公司就超出其应承担的部分向未投保交强险的投保义务人或者侵权人行使追偿权的，人民法院应予支持。

深度解析

多辆机动车发生交通事故致使他人受伤需要承担损害赔偿的，如果有机动车未投保交强险，受害人可以请求先由已经承保交强险的保险公司在其责任限额范围内进行赔偿。保险公司先予赔偿的，可以就超出其责任部分向未投保的义务人或侵权人追偿。

47. 行人被车辆撞伤，事故双方均未报警，那么在没有交通事故认定书的情况下，伤者能否起诉车主赔偿？

◆ 案例分析

刘某正要横穿马路到对面小区公园时，被由东向西行驶的轿车撞倒，车主邢某急忙停下车查看刘某的伤情。刘某家人到现场后将其送到医院治疗，邢某给了刘某家人 2000 元钱后称有事给自己打电话，随后离开事故现场。刘某的家人看到邢某的态度非常好就没有报警。可是刘某住院后伤情严重，很快就花费了近万元的医疗费用，刘某的家人给邢某打电话，邢某以各种借口推托。刘某无奈只好报警，但是事故现场早已无法勘查，且当时事故路段并没有摄像头，交警无法出具交通事故认定书。那么，在这种情况下，刘某能向法院起诉要求邢某承担赔偿责任吗？

◆ 法律解析

根据《最高人民法院关于审理道路交通事故损害赔偿案件适用法律若干问题的解释》第二十四条的规定可知，法院在审理交通事故赔偿案件时，应当将交警部门制作的交通事故认定书作为确定交通事故责任的重要证据，但它并不是法院判定当事人之间赔偿权利和义务关系内容的唯一依据。针对类似本案的情况，在交警部门没有作出交通事故认定书，或者交通事故认定书的结论无法确定当事人的事故责任的情况下，刘某也可以向人民法院起诉，但是需要提交充分的证据证明自己的伤情是由邢某造成的。比如，事故目击者的证人证言、邢某支付2000元医疗费用的相关证据。在案件判决时，法院会结合全案双方当事人举证的证据材料，根据构成交通事故损害赔偿责任的要件要求，综合认定交通事故当事人的行为对交通事故所起的作用及过错程度，确定当事人的事故责任，并据此确定邢某应承担的民事赔偿责任。

◆ 法律条文

《最高人民法院关于审理道路交通事故损害赔偿案件适用法律若干问题的解释》

第二十四条 公安机关交通管理部门制作的交通事故认定书，人民法院应依法审查并确认其相应的证明力，但有相反证据推翻的除外。

深度解析

交管部门制作的交通事故认定书是法院判定事故责任的重要依据，但是该交通事故认定书并非判定事故责任的唯一标准，法院应当依法审查并确认该事故认定书的证明力，有相反证据推翻或无法确定当事人的事故责任时，法院应结合全案证据材料，综合认定交通事故当事人的行为对交通事故所起的作用及过错程度，确定当事人的事故责任。

48. 孤寡老人在交通事故中死亡，帮助其支付抢救费用及丧葬费用的朋友能向法院起诉要求肇事者赔偿吗？

◆ 案例分析

王阿姨是孤寡老人，身边没有什么亲人，但是她身体硬朗，没事时就到小区跳广场舞，其间结识了张阿姨，二人成了无话不谈的好友。有一天，王阿姨外出购物时被李某驾驶的轿车撞伤，被送往医院抢救，张阿姨接到警察的通知后急忙赶到医院，为王阿姨支付了近1万元的抢救费用。但最终王阿姨因伤情过重，抢救无效死亡。王阿姨去世后，张阿姨为其办理了丧事。后张阿姨找到事故车辆投保的保险公司，要求保险公司在责任限额范围内承担抢救费及丧葬费，但是保险公司拒绝承担。那么，张阿姨能因此向法院起诉要求保险公司承担赔偿责任吗？

◆ 法律解析

根据《最高人民法院关于审理道路交通事故损害赔偿案件适用法律若干问题的解释》第二十三条第三款的规定，被侵权人因道路交通事故死亡，无近亲属或者近亲属不明，支付被侵权人医疗费、丧葬费等合理费用的单位或者个人，请求保险公司在交强险责任限额范围内予以赔偿的，人民法院应予支持。本案中，王阿姨身边没有亲人，张阿姨作为朋友，为王阿姨支付了抢救费及丧葬费用后，依法请求保险公司在交强险责任限额范围内予以赔偿的，人民法院应予支持。因此张阿姨有权请求保险公司在交强险责任限额范围内赔偿自己所支付的合理费用。

◆ 法律条文

《最高人民法院关于审理道路交通事故损害赔偿案件适用法律若干问题的解释》

第二十三条 被侵权人因道路交通事故死亡，无近亲属或者近亲属不明，未经法律授权的机关或者有关组织向人民法院起诉主张死亡赔偿金的，人民法院不予受理。

侵权人以已向未经法律授权的机关或者有关组织支付死亡赔偿金为理由，请求保险公司在交强险责任限额范围内予以赔偿的，人民法院不予支持。

被侵权人因道路交通事故死亡，无近亲属或者近亲属不明，支付被侵权人医疗费、丧葬费等合理费用的单位或者个人，请求保险公司在交强险责任限额范围内予以赔偿的，人民法院应予支持。

深度解析

被侵权人因交通事故死亡，无近亲属或者近亲属不明的，未经法律授权的机关或者有关组织无权向法院请求主张死者的死亡赔偿金；但非近亲属的个人或者组织支付了死者的医疗费、丧葬费等合理费用的，可以请求承保肇事车辆的保险公司在交强险的责任限额内予以赔偿，以弥补自己的损失。

49. 驾校的学员在培训期间发生交通事故，应由谁承担赔偿责任？

◆ 案例分析

2020 年 6 月 2 日，顾某在某驾校报名，欲学习驾驶技术考取 C 本驾驶执照。2020 年 6 月 30 日，驾校为顾某安排了科目一考试，顾某通过考试后，驾校于 2020 年 7 月 2 日为顾某安排上车学习科目二相关技巧。7 月 5 日早上 8 点，顾某在驾校练习坡道起步时发生意外，将位于坡下安全区内的学员朱某撞倒，造成其腿部骨折。朱某受伤住院后，驾校支付了部分医疗费用。后朱某与驾校商量赔偿事宜。驾校称事故是顾某造成的，应由顾某承担责任。那么，对于朱某的损失应由谁承担赔偿责任呢？

◆ 法律解析

《最高人民法院关于审理道路交通事故损害赔偿案件适用法律若干问题的解释》第五条规定，接受机动车驾驶培训的人员，在培训活动中驾驶机动车发生交通事故造成损害，属于该机动车一方责任，当事人请求驾驶培训单位承担赔偿责任的，人民法院应予支持。本案中，顾某作为驾校学员，在学习驾驶技术过程中发生交通事故，造成学员朱某受伤。而事故发生时朱某在安全区域，不存在任何过错，那么对于朱某的损害，应由驾校承担赔偿责任。

◆ 法律条文

《最高人民法院关于审理道路交通事故损害赔偿案件适用法律若干问题的解释》

第五条　接受机动车驾驶培训的人员，在培训活动中驾驶机动车发生交通事故造成损害，属于该机动车一方责任，当事人请求驾驶培训单位承担赔偿责任的，人民法院应予支持。

深度解析

驾校学员在学车过程中驾驶机动车发生交通事故造成损害的，如果属于机动车一方责任，应当由驾校承担赔偿责任。这样规定是因为驾校作为驾驶培训单位，依法对接受培训人员的行为及驾驶安全负有法定监督、保护的义务。

50. 在高速公路上行走被撞伤，应由谁承担赔偿责任？

◆ 案例分析

刘某家住高速公路附近，总有运煤车从高速路上经过，偶尔会掉下煤块，刘某就在高速路的坡下捡拾煤块。某日，刘某发现高速路的边沿有不少掉落的煤块，且看到路上车辆稀少，就想爬到高速路上捡煤。就在他翻越高速围栏在路面捡煤时，一辆大货车疾速驶来，司机发现刘某后急忙踩刹车，但是为时已晚，刘某被当场撞死。公安交通警察大队高速支队经勘查，作出了交通事故认定书，认定刘某承担此事故的全部责任，大货车司机无责任。那么，在这种情况下，刘某的死亡赔偿责任应由谁承担？

◆ 法律解析

根据《最高人民法院关于审理道路交通事故损害赔偿案件适用法律若干问题的解释》第七条以及《民法典》第一千二百四十三条的规定可知，在高速公路发生事故后，如果高速公路管理单位未尽到相关的义务，权利人请求其承担相应责任的，人民法院予以支持；如果事故是因行人、非机动车驾驶人进入高速公路引发，并且造成自身的损害，公路管理单位尽到了相应的责任，则对事故造成的损失不承担责任。本案中刘某通过攀爬高速公路围栏进入高速公路被大货车撞死，高速公路管理局在此次事故中没有任何过错，刘某应对自己的行为承担责任。

◆ 法律条文

《最高人民法院关于审理道路交通事故损害赔偿案件适用法律若干问题的解释》

第七条　因道路管理维护缺陷导致机动车发生交通事故造成损害，当事人请求道路管理者承担相应赔偿责任的，人民法院应予支持。但道路管理者能够证明已经依照法律、法规、规章的规定，或者按照国家标准、行业标准、地方标准的要求尽到安全防护、警示等管理维护义务的除外。

依法不得进入高速公路的车辆、行人，进入高速公路发生交通事故造成自身损害，当事人请求高速公路管理者承担赔偿责任的，适用民法典第一千二百四十三条的规定。

《中华人民共和国民法典》

第一千二百四十三条　未经许可进入高度危险活动区域或者高度危险物存放区域受到损害，管理人能够证明已经采取足够安全措施并尽到充分警示义务的，可以减轻或者不承担责任。

深度解析

具有安全管理职责的道路管理单位必须依法履行安全保障与管理义务，因管理维护缺陷致使交通事故发生造成损害，且无法证明自己尽到了安全保障与管理义务的，道路管理部门应当为自己的过错承担损害赔偿责任；如果能够证明自己已经采取了安全措施并尽到警示义务的，道路管理部门可以相应减轻或免除赔偿责任。

51. 营运的货车因交通事故受损，那么损害赔偿范围包括哪些？

◆ 案例分析

张某有四辆营运的货车，主要负责某省范围内的货物运输。一天他接到一笔业务，将一车螃蟹从该省某沿海城市 A 市运往 B 市。张某亲自驾驶该车负责营运，在高速出口时与高某驾驶的货车相撞，造成张某的货车翻倒，车辆及螃蟹受损。交管部门作出交通事故认定书认定高某负事故的主要责任，张某负次要责任。经物价部门鉴定，张某的车辆损失为 82230 元，螃蟹的损失为 42000 元。另张某因此事故开支施救费为 5000 元，车辆损失评估费为 3000 元，货物的评估费为 2300 元，车辆维修期间停运 30 天。那么，在此次事故中，张某的哪些损失可以获得赔偿？

◆ 法律解析

根据《最高人民法院关于审理道路交通事故损害赔偿案件适用法律若干问题的解释》第十二条的规定，因道路交通事故造成被损车辆的维修费用、车辆所承载的物品、车辆的施救以及因车辆损坏而造成其他经济损失等财产损失的赔偿请求，法院均会予以支持。本案中张某的车辆损失费及货物螃蟹的损失费用、施救费用都可以获得赔偿，车损评估费及货物评估费是为确定车辆损失和货物损失而支付的必要的合理费用，也会得到赔偿。同时，如果张某欲主张停运损失费用，就必须进行该损失的鉴定，否则不会得到停运损失的赔偿。

◆ 法律条文

《最高人民法院关于审理道路交通事故损害赔偿案件适用法律若干问题的解释》

第十二条　因道路交通事故造成下列财产损失，当事人请求侵权人赔偿的，人民法院应予支持：

（一）维修被损坏车辆所支出的费用、车辆所载物品的损失、车辆施救费用；

（二）因车辆灭失或者无法修复，为购买交通事故发生时与被损坏车辆价值相当的车辆重置费用；

（三）依法从事货物运输、旅客运输等经营性活动的车辆，因无法从事相应经营活动所产生的合理停运损失；

（四）非经营性车辆因无法继续使用，所产生的通常替代性交通工具的合理费用。

深度解析

《最高人民法院关于审理道路交通事故损害赔偿案件适用法律若干问题的解释》第十二条是关于交通事故造成的财产损失的赔偿范围的规定。交通事故的财产损失范围，不仅仅限于我们日常所理解的车辆的损坏维修费用、车辆施救费用、车辆所载物品的损失，还包括因车辆无法使用而需购买与被损车辆价值相当的车辆重置费用、因车辆无法继续使用所产生的通常替代性交通工具的合理费用。如果被损车辆属于经营性车辆，因无法从事该经营活动所造成的合理停运损失也应当计算在内。

52. 买车试驾过程中发生交通事故，应由谁承担赔偿责任？

◆ 案例分析

一天上午，陈某到人民公园参加车展。此次车展规模非常大，有好几个品牌进行展览，陈某经过认真挑选，选中了一款 12 万元左右的轿车。陈某向销售人员询问车辆的性能及特点，该销售人员在简单讲解该车优点后就让陈某试驾。陈某上车后又向销售人员询问注意事项，销售人员称车辆性能良好，没有需要注意的特别事项。陈某驾车沿着公园外面的马路行驶，在拐弯时撞上了路边大树，造成腿部骨折。那么，在这种情况下，应由谁承担对陈某的赔偿责任？

◆ 法律解析

根据《最高人民法院关于审理道路交通事故损害赔偿案件适用法律若干问题的解释》第六条的规定可知，顾客在试乘的过程中发生交通事故，汽车销售店是需要承担赔偿责任的。只有在证明顾客对事故的发生存在过错时，才能减轻汽车销售店的赔偿责任。这一规定充分体现了过错责任原则。具体到本案，陈某在试驾前多次询问车辆特点及性能，但是销售人员均未详细讲解，这才导致陈某发生交通事故，理应由汽车销售公司承担赔偿责任。但是如该汽车销售公司能提供证据证明陈某并不是因为车辆原因发生事故，而是陈某自身原因或是在试驾过程中存在过错，那么就可以减轻自身的赔偿责任。

◆ 法律条文

《最高人民法院关于审理道路交通事故损害赔偿案件适用法律若干问题的解释》

第六条 机动车试乘过程中发生交通事故造成试乘人损害，当事人请求提供试乘服务者承担赔偿责任的，人民法院应予支持。试乘人有过错的，应当减轻提供试乘服务者的赔偿责任。

深度解析

汽车体验店或者销售店及其试乘服务提供者应对顾客及不特定其他人的安全尽到应有的保障义务。因此，在试乘过程中发生交通事故造成损害的，试乘人可以向提供试乘的个人或组织进行索赔，但是如果试乘人有过错的，应当相应减轻对方的赔偿责任。这一规定充分体现了法律责任分配的公平性原则，以及对服务者安全保障义务的强制性要求。

第五章
房屋租赁、买卖与征收法律知识

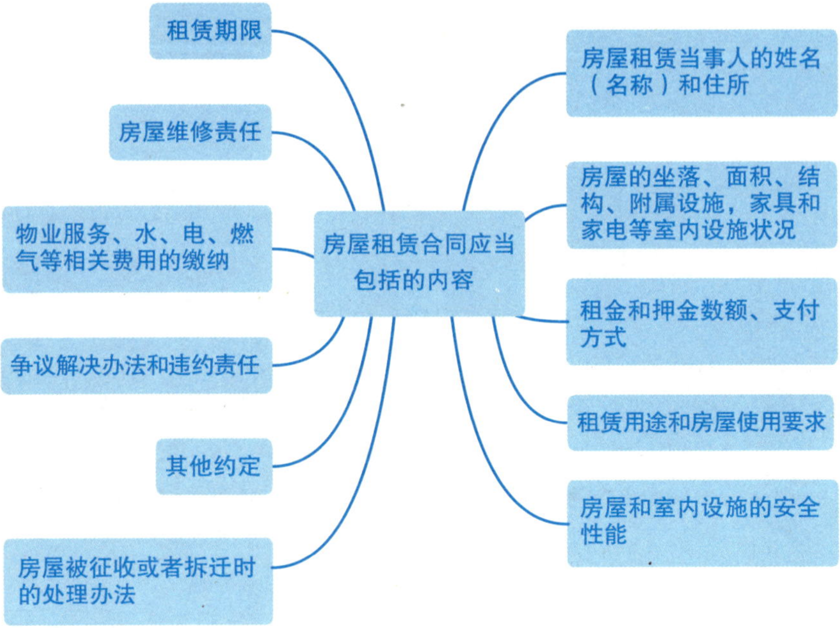
房屋租赁合同应当包括的内容
租赁期限
房屋维修责任
物业服务、水、电、燃气等相关费用的缴纳
争议解决办法和违约责任
其他约定
房屋被征收或者拆迁时的处理办法
房屋租赁当事人的姓名（名称）和住所
房屋的坐落、面积、结构、附属设施，家具和家电等室内设施状况
租金和押金数额、支付方式
租赁用途和房屋使用要求
房屋和室内设施的安全性能

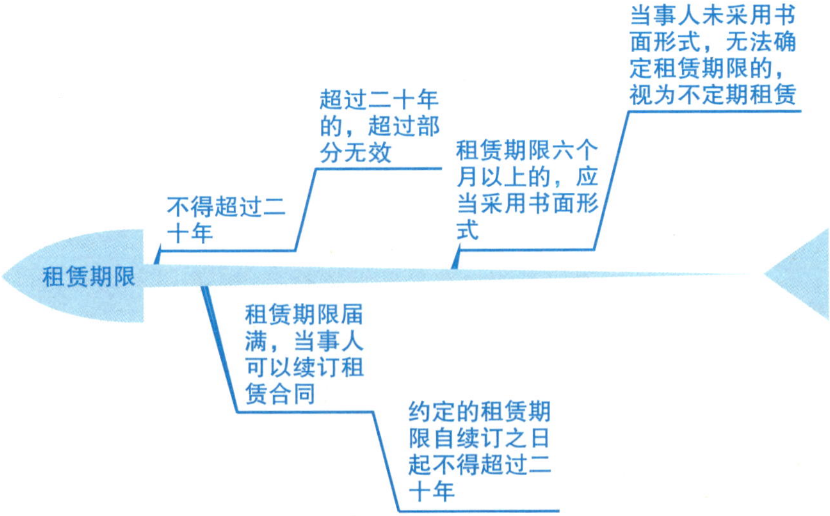
租赁期限
不得超过二十年
超过二十年的，超过部分无效
租赁期限六个月以上的，应当采用书面形式
当事人未采用书面形式，无法确定租赁期限的，视为不定期租赁
租赁期限届满，当事人可以续订租赁合同
约定的租赁期限自续订之日起不得超过二十年

- 房屋不得出租的情形
  - 属于违法建筑的
  - 不符合安全、防灾等工程建设强制性标准的
  - 违反规定改变房屋使用性质的
  - 法律、法规规定禁止出租的其他情形

- 非因承租人原因致使租赁物无法使用的，承租人可以解除合同的情形
  - 租赁物被司法机关或者行政机关依法查封、扣押
  - 租赁物权属有争议
  - 租赁物具有违反法律、行政法规关于使用条件的强制性规定情形

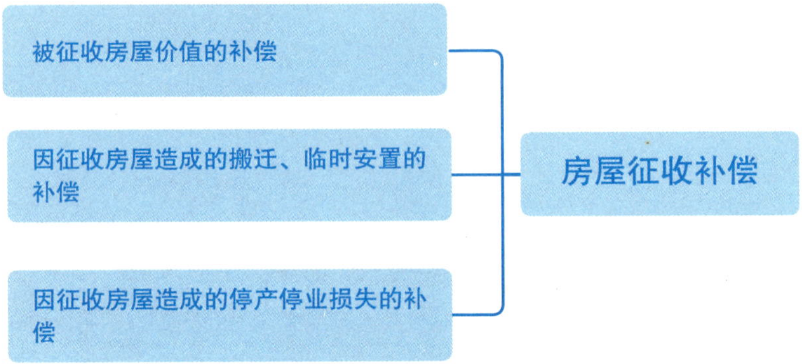
被征收房屋价值的补偿
因征收房屋造成的搬迁、临时安置的补偿
因征收房屋造成的停产停业损失的补偿
房屋征收补偿

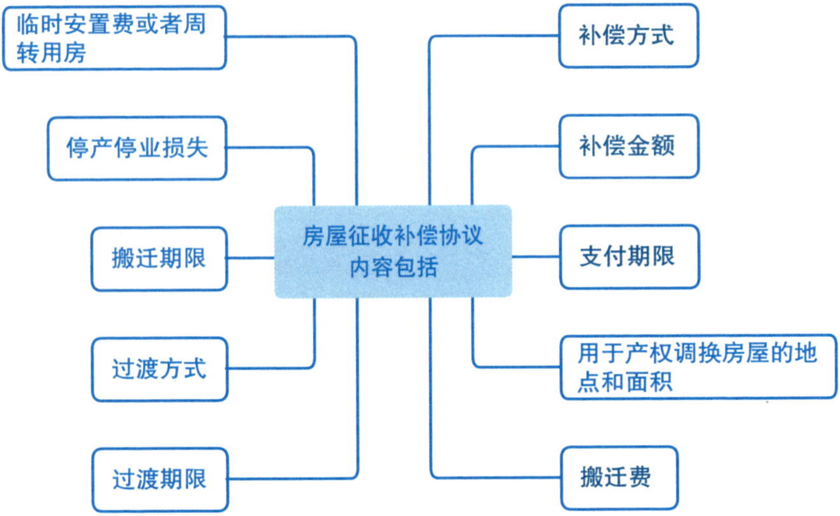
临时安置费或者周转用房
停产停业损失
搬迁期限
过渡方式
过渡期限
房屋征收补偿协议内容包括
补偿方式
补偿金额
支付期限
用于产权调换房屋的地点和面积
搬迁费

53. 租赁期满，承租人想继续租住房屋并且出租人没有表示反对的，原租赁合同还继续有效吗？

◆ 案例分析

郭某与女友单某毕业后一同来到上海工作，为了节约开支，两人租了一套一室一厅的单元房，租赁期限为一年，房租为每月 2000 元，并且规定房租按季度进行支付。转眼一年期限到了，郭某和单某商议打算继续租住，可是给房东打了几次电话房东都说在忙，然后电话就被挂断了。后来，郭某直接将下一季度的房租 6000 元按照原来的账号转给了房东，几天过去了，房东并没有给郭某回电话或发信息，那么，此时郭某与房东签订的原租赁合同还继续有效吗？

◆ 法律解析

郭某还可以继续租住该房屋，双方原来签订的租赁合同继续有效。我国《民法典》第七百三十四条规定，租赁期限届满，如果承租人继续使用租赁物，而出租人也没有提出异议，原租赁合同继续有效，只不过租赁期限改为不定期，双方可以随时提出解除合同。出租人要解除合同的，需要在合理期限之前通知承租人。具体到本案中，虽然郭某与房东的租赁合同期限已经届满，但郭某仍按照原合同履行支付房租的义务，房东收到房租时并未对张某继续租住该房屋提出异议，所以应依法认定为原租赁合同继续有效，只不过双方的租赁期限改为不定期。如果房东要解除合同，应根据《民法典》第七百三十四条的规定，在合理期限之前通知郭某，而不能要求其立即搬出。

◆ 法律条文

《中华人民共和国民法典》

第七百三十条 当事人对租赁期限没有约定或者约定不明确，依据本法第五百一十条的规定仍不能确定的，视为不定期租赁；当事人可以随时解除合同，但是应当在合理期限之前通知对方。

第七百三十四条 租赁期限届满，承租人继续使用租赁物，出租人没有提出异议的，原租赁合同继续有效，但是租赁期限为不定期。

租赁期限届满，房屋承租人享有以同等条件优先承租的权利。

深度解析

租赁根据是否有租赁期限分为定期租赁和不定期租赁。不定期租赁是说当事人在合同中未约定租赁期限，任何一方均可以随时解除合同。定期租赁是说当事人在合同中约定了租赁期限，合同于租赁期届满时终止。未约定期限或者约定期限不明确的租赁合同在履行时有一定困难，容易酿成纠纷，当事人双方为保障自身权益应该约定租赁期限，减少不必要的争议。

54. 交房前购房者怎样做才能防止开发商将房屋另卖?

◆ 案例分析

孙某和女友打算年底结婚，为了在结婚时住上自己的房子，孙某千挑万选终于选中一套两室一厅的房子，该房子无论格局、位置还是高度都令孙某和女友非常满意，于是孙某和开发商签订了购房合同并缴纳了定金。但是，孙某还是放心不下，他觉得这套房子特别好，怕开发商将该房另卖他人。那么，交房前购房者怎样做才能防止开发商将房屋另卖呢?

◆ 法律解析

孙某可以向登记机构申请预告登记来防止开发商将已购房屋卖给他人。预告登记是指当事人约定买卖期房或者转让其他不动产物权时，为了限制卖方把该不动产另外转让给他人，保障债权人将来取得物权而作的登记。所以，当孙某与房地产公司签订了买卖合同和有了申请预告登记的约定后，就可以申请预告登记。这样，如果房地产公司将该房屋再转卖给其他人，未经孙某的同意，其转让行为是不发生法律效力的。但是预告登记同样也有时间限制，即预告登记之日起九十日内未申请产权过户登记的，预告登记失效。所以，孙某应在九十日内办理过户登记，否则预告登记失效。

◆ 法律条文

《中华人民共和国民法典》

第二百二十一条 当事人签订买卖房屋的协议或者签订其他不动产物权的协议，为保障将来实现物权，按照约定可以向登记机构申请预告登记。预告登记后，未经预告登记的权利人同意，处分该不动产的，不发生物权效力。

预告登记后，债权消灭或者自能够进行不动产登记之日起九十日内未申请登记的，预告登记失效。

深度解析

预告登记制度的目的是限制卖房人、开发商处分不动产，保障买房人取得交易房屋权属。预告登记权利并不是法定的权利，而是由买卖双方在协议中约定的权利，即只有交易双方达成一致性意见，并在合同中约定可以进行预告登记的，一方当事人才可以行使预告登记的权利。该制度的确立为解决“一房多卖”提供了有效的防御手段，从而更能保证交易安全，维护不动产交易秩序。

55. 购房人已经付清首付并开始支付银行按揭贷款，此时还可以要求解除购房合同吗？

◆ 案例分析

贾某和妻子商议在本市给儿子购买一套婚房，看好房子后贾某交付了首付款并在银行办理了按揭贷款。半年后，贾某的儿子称要留在H市，不打算回来了，贾某和妻子商议，儿子不回来买房也没用，而且还得按月还按揭，于是两人想要把该商品房退掉。那么，在这种情况下贾某可以退房吗？

◆ 法律解析

贾某无法要求退掉房子，只能与开发商及银行协商解决。根据《民法典》第一百一十九条的规定，依法成立的合同，对当事人具有法律约束力。那么，当事人应当按照约定履行自己的义务，不得擅自变更或解除合同。贾某与开发商签订了房屋买卖合同，又与银行签订了按揭贷款合同并开始按照该合同还款，就应当按照约定履行自己的义务，否则将承担违约责任。贾某如想与开发商解除买卖合同，只能与开发商及银行进行友好协商，支付一定的补偿金或违约金，或者看开发商有无违约行为，开发商有根本违约行为的，贾某可以要求解除合同。

◆ 法律条文

《中华人民共和国民法典》

第一百一十九条 依法成立的合同，对当事人具有法律约束力。

第五百六十二条 当事人协商一致，可以解除合同。

当事人可以约定一方解除合同的事由。解除合同的事由发生时，解除权人可以解除合同。

深度解析

合同是双方当事人在协商一致的基础上订立的，合同生效后就在当事人之间产生法律上的约束力、强制力，双方都应该按照合同条款履行合同义务。在履行过程中，如果发生新的情况需要变更或者解除合同时，合同双方应当协商一致，不能擅自单方面变更或者解除。如果合同一方擅自变更或者解除合同，不履行合同义务或者履行合同义务不符合合同约定，使对方当事人的利益受到损害时，就应当承担违约责任。

56. 抵押、查封等因素会影响被征收房屋的价值评估吗？

◆ 案例分析

2020 年 2 月，张某因做生意资金周转不灵，将其在某小区的一套三室两厅的单元房抵押贷款。三个月后其又因与他人发生经济纠纷，致该小区的另一套单元房被法院依法查封。2020 年 5 月，该小区因市政府依照市政规划需要依法征收，该小区的房屋被征收人协商选定了一家房地产评估机构。那么，抵押、查封等因素会影响被征收房屋的价值评估吗？

◆ 法律解析

《国有土地上房屋征收与补偿条例》第二条规定："为了公共利益的需要，征收国有土地上单位、个人的房屋，应当对被征收房屋所有权人（以下称被征收人）给予公平补偿。"因此，房屋征收补偿对象是被征收房屋的所有权人。本案中，虽然张某被征收的房屋被依法查封，但张某仍是房屋的所有权人，应享有征收补偿。同时《国有土地上房屋征收评估办法》第十一条规定："被征收房屋价值是指被征收房屋及其占用范围内的土地使用权在正常交易情况下，由熟悉情况的交易双方以公平交易方式在评估时点自愿进行交易的金额，但不考虑被征收房屋租赁、抵押、查封等因素的影响。

前款所述不考虑租赁因素的影响，是指评估被征收房屋无租约限制的价值；不考虑抵押、查封因素的影响，是指评估价值中不扣除被征收房屋已抵押担保的债权数额、拖欠的建设工程价款和其他法定优先受偿款。”因此，本案中，张某的房屋存在被查封情形不会影响该房屋的价值。

◆ 法律条文

《国有土地上房屋征收与补偿条例》

第二条 为了公共利益的需要，征收国有土地上单位、个人的房屋，应当对被征收房屋所有权人（以下称被征收人）给予公平补偿。

《国有土地上房屋征收评估办法》

第十一条 被征收房屋价值是指被征收房屋及其占用范围内的土地使用权在正常交易情况下，由熟悉情况的交易双方以公平交易方式在评估时点自愿进行交易的金额，但不考虑被征收房屋租赁、抵押、查封等因素的影响。

前款所述不考虑租赁因素的影响，是指评估被征收房屋无租约限制的价值；不考虑抵押、查封因素的影响，是指评估价值中不扣除被征收房屋已抵押担保的债权数额、拖欠的建设工程价款和其他法定优先受偿款。

深度解析

房地产价值，是“被征收房屋及其占用范围内的土地使用权价值”。土地使用权价值有出让土地价值、转让土地价值、划拨土地价值。不论哪种土地使用权价值，都是要求在正常情况下，双方熟悉交易，并以公平方式交易，在估价时间一致且自愿交易情况下的价值。其中“无租约限制”是指被征收房屋不受租赁因素影响。

57. 房屋征收部门对在确定的签约期限内达不成补偿协议的该怎么办?

◆ 案例分析

为加快城市化进程，提高居民的生活质量，H 市政府打算将本市的一处棚户区进行改造。当地居民得知这一消息都非常高兴，绝大多数人都非常配合，起初征收工作十分顺利。但是，有极少数人因不满补偿款的数额问题，迟迟不能与征收部门达成协议。那么，房屋征收部门对在确定的期限内达不成补偿协议的该怎么办呢?

◆ 法律解析

根据我国《国有土地上房屋征收与补偿条例》第二十六条第一款的有关规定，房屋征收部门与被征收人在征收补偿方案确定的签约期限内达不成补偿协议，由房屋征收部门报请作出房屋征收决定的市级、县级人民政府依照本条例的规定，按照征收补偿方案作出补偿决定，并在房屋征收范围内予以公告。具体到案例中，在征收补偿方案确定的签约期限内，经过多次协商，都未能与少数被征收人达成补偿协议，房屋征收部门可以报请该市政府，由政府按照征收补偿方案作出补偿决定，并在房屋征收范围内予以公告。

◆ 法律条文

《国有土地上房屋征收与补偿条例》

第二十六条第一款　房屋征收部门与被征收人在征收补偿方案确定的签约期限内达不成补偿协议，或者被征收房屋所有权人不明确的，由房屋征收部门报请作出房屋征收决定的市、县级人民政府依照本条例的规定，按照征收补偿方案作出补偿决定，并在房屋征收范围内予以公告。

深度解析

征收补偿决定适用的情形有两种：一种情形是房屋征收部门与被征收人在规定的期限内未能达成补偿协议，另一种情形是被征收房屋所有权人不明。补偿决定由征收部门申报，由市、县级人民政府按照征收补偿方案作出决定并公告。只是，市、县级人民政府在收到征收部门的申请报告后，应当听取被征收人的意见，必要时可采取听证会的方式听取各方的意见。

58. 所有的征收补偿协议都必须以书面形式签订吗?

◆ 案例分析

李某老家的房屋被当地市政府部门依法征收，该政府部门出台了房屋的征收补偿方案，李某对该方案表示赞同。但是，该市政府部门要求李某前去签订房屋补偿协议时，其因人在外地有事去不了，打算就此事签订口头协议。那么，李某的做法可行吗？所有的征收补偿协议都必须以书面的形式签订吗？

◆ 法律解析

根据我国《民法典》的规定，口头协议也是合同形式中的一种表现形式。但是，根据我国《国有土地上房屋征收与补偿条例》第二十五条第一款的规定，房屋征收部门与被征收人依照本条例的规定，就征收补偿事项订立补偿协议。因此，如果房屋征收双方在征收补偿方案确定的签约期限内能够达成协议，应当订立书面的补偿协议。

◆ 法律条文

《中华人民共和国民法典》

第一百三十五条 民事法律行为可以采用书面形式、口头形式或者其他形式；法律、行政法规规定或者当事人约定采用特定形式的，应当采用特定形式。

第四百六十九条第一款　当事人订立合同，可以采用书面形式、口头形式或者其他形式。

《国有土地上房屋征收与补偿条例》

第二十五条第一款　房屋征收部门与被征收人依照本条例的规定，就补偿方式、补偿金额和支付期限、用于产权调换房屋的地点和面积、搬迁费、临时安置费或者周转用房、停产停业损失、搬迁期限、过渡方式和过渡期限等事项，订立补偿协议。

深度解析

房屋征收部门与被征收人就征收有关事项达成协议的，应该订立补偿协议，这有利于保护被征收人的利益。但需要注意的是这些项目中有一些是共性项目，如补偿方式、补偿金额和支付期限、用于产权调换房屋的地点和面积、搬迁费、临时安置费或者周转用房、搬迁期限、过渡方式和过渡期限等；有一些是个性项目，如停产停业损失。

59. 应该由谁来承担房屋因征收所产生的评估、鉴定费用?

◆ 案例分析

2020 年 6 月，某市桥西区的一处棚户区被依法改造，市政府依据法律规定办理了该小区的相关征收手续。后经市政府和当地居民协商选定了一家房屋评估机构，对该改造地区的房屋进行评估。那么，因征收所产生的房屋评估、鉴定费用应该由谁来承担呢?

◆ 法律解析

根据《国有土地上房屋征收评估办法》第三十一条的规定，房屋征收评估、鉴定费用由委托人承担，但鉴定改变原评估结果的，鉴定费用由原房地产价格评估机构承担。复核评估费用由原房地产价格评估机构承担。由此可知，本案中，房屋征收评估、鉴定费用由委托人承担，即房屋征收评估的费用由房屋征收部门承担，鉴定费用由进行委托的房屋征收当事人承担，但鉴定改变原评估结果的，鉴定费用由原房地产价格评估机构承担，复核评估费用由原房地产价格评估机构承担。

◆ 法律条文

《国有土地上房屋征收与补偿条例》

第十九条第二款　对评估确定的被征收房屋价值有异议的，可以向房地产价格评估机构申请复核评估。对复核结果有异议的，可以向房地产价格评估专家委员会申请鉴定。

《国有土地上房屋征收评估办法》

第三十一条　房屋征收评估、鉴定费用由委托人承担。但鉴定改变原评估结果的，鉴定费用由原房地产价格评估机构承担。复核评估费用由原房地产价格评估机构承担。房屋征收评估、鉴定费用按照政府价格主管部门规定的收费标准执行。

深度解析

征收人或者被征收人对征收房屋的价值有异议的可以申请复核或者鉴定。需要注意的是，享受该项权利的并不仅仅是被征收人，房屋征收部门对评估结果有异议的，也可以申请复核及鉴定。一般情况下，评估、鉴定费由委托方承担，但鉴定改变原评估结果的，鉴定费则由原房地产价格评估机构承担，复核评估费也由原房地产价格评估机构承担。

60. 被征收人在领取征收补偿后需要承担哪些义务？

◆ 案例分析

2020 年 4 月，乔某居住的小区被当地政府部门依法改造，乔某与该政府部门签订了相关的征收补偿协议，并领取了相应的补偿款。那么，此时乔某还需要履行哪些义务呢？即被征收人在领取征收补偿后还需要履行哪些义务呢？

◆ 法律解析

我国《国有土地上房屋征收与补偿条例》第二十七条第一款、第二款规定："实施房屋征收应当先补偿、后搬迁。作出房屋征收决定的市、县级人民政府对被征收人给予补偿后，被征收人应当在补偿协议约定或者补偿决定确定的搬迁期限内完成搬迁。"由此可见，被征收人得到补偿后，需要履行一定的义务：（1）在补偿协议约定的期限内完成搬迁；（2）及时提供被征收房屋的产权证书、营业执照等相关法律文件；（3）积极配合完成其他征收搬迁工作。

◆ 法律条文

《国有土地上房屋征收与补偿条例》

第二十七条第一款、第二款 实施房屋征收应当先补偿、后搬迁。

作出房屋征收决定的市、县级人民政府对被征收人给予补偿后，被征收人应当在补偿协议约定或者补偿决定确定的搬迁期限内完成搬迁。

深度解析

搬迁的前提是"先补偿、后搬迁"，也就是说在征收补偿款没有到位之前，被征收人是有权拒绝搬迁的。但是，被征收人领取征收补偿款后，就应该在补偿协议约定或者补偿决定确定的搬迁期限内完成搬迁。

61. 房屋征收补偿的范围包括商户停产停业的损失吗?

◆ 案例分析

李某在某市经营服装生意。2020 年 9 月，当地市政府因市政规划需要决定对李某的门市进行征收。很快，该市政府出台了相关的补偿政策，里面包含了李某因房屋征收而停业的损失。那么，房屋征收补偿范围包括商户停产停业的损失吗?

◆ 法律解析

《国有土地上房屋征收与补偿条例》第十七条明确规定因征收房屋造成的停产停业损失的补偿属于补偿范围。该法第二十三条还规定，对因征收房屋造成停产停业损失的补偿，根据房屋被征收前的效益、停产停业期限等因素确定。具体办法由省、自治区、直辖市制定。由此可见，本案中，市政府对李某商铺的征收补偿包括停产停业的损失。

◆ 法律条文

《国有土地上房屋征收与补偿条例》

第十七条 作出房屋征收决定的市、县级人民政府对被征收人给予的补偿包括：

（一）被征收房屋价值的补偿；

（二）因征收房屋造成的搬迁、临时安置的补偿；

（三）因征收房屋造成的停产停业损失的补偿。

市、县级人民政府应当制定补助和奖励办法，对被征收人给予补助和奖励。

第二十三条 对因征收房屋造成停产停业损失的补偿，根据房屋被征收前的效益、停产停业期限等因素确定。具体办法由省、自治区、直辖市制定。

深度解析

征收人给予被征收人的补偿包括被征收房屋价值的补偿和因征收房屋造成的搬迁、临时安置的补偿以及因征收房屋造成的停产停业损失的补偿。停产停业损失的确定，应具体考虑房屋被征收前的收益、停产停业的期限等因素。

62. 个人住宅被征收后，符合住房保障条件的，能否优先享受住房保障？

◆ 案例分析

某市根据城市发展规划，决定在市内建设一中心公园。该市政府房屋征收部门依法拟订了房屋征收补偿方案，并征求了公众意见，最终作出了房屋征收决定并予以公告。该项目被征收的房屋大多是个人住宅，那么对被征收的房屋是个人住宅的居民，会优先给予住房保障吗？

◆ 法律解析

《国有土地上房屋征收与补偿条例》第十八条规定：“征收个人住宅，被征收人符合住房保障条件的，作出房屋征收决定的市、县级人民政府应当优先给予住房保障。具体办法由省、自治区、直辖市制定。”由此可见，本案中，对个人住宅被征收的居民，如果符合住房保障条件的可以优先得到住房保障，不用等待轮候保障房。我国《民法典》中也有相关规定，该法第二百四十三条第三款规定：“征收组织、个人的房屋以及其他不动产，应当依法给予征收补偿，维护被征收人的合法权益；征收个人住宅的，还应当保障被征收人的居住条件。”

◆ 法律条文

《国有土地上房屋征收与补偿条例》

第十八条　征收个人住宅，被征收人符合住房保障条件的，作出房屋征收决定的市、县级人民政府应当优先给予住房保障。具体办法由省、自治区、直辖市制定。

《中华人民共和国民法典》

第二百四十三条第三款　征收组织、个人的房屋以及其他不动产，应当依法给予征收补偿，维护被征收人的合法权益；征收个人住宅的，还应当保障被征收人的居住条件。

深度解析

《国有土地上房屋征收与补偿条例》第十八条规定的是困难户的安置问题，该条彰显了立法机关对弱势群体的关注。个人住宅被征收后，如果被征收人符合住房保障条件，作出房屋征收决定的市、县级人民政府应当优先给予其住房保障。在具体操作时，要优先安排被征收人享受住房保障，使其不再等待轮候保障房。但是，被征收人优先享受住房保障的前提是，被征收人必须符合住房保障条件。

第六章
物业服务法律知识

业主在物业管理活动中的权利

- 按照物业服务合同的约定，接受物业服务企业提供的服务
- 提议召开业主大会会议，并就物业管理的有关事项提出建议
- 提出制定和修改管理规约、业主大会议事规则的建议
- 参加业主大会会议，行使投票权
- 选举业主委员会成员，并享有被选举权
- 监督业主委员会的工作
- 监督物业服务企业履行物业服务合同
- 对物业共用部位、共用设施设备和相关场地使用情况享有知情权和监督权
- 监督专项维修资金的管理和使用
- 法律、法规规定的其他权利

物业针对不交物业费的做法

- 正确做法
  - 业主违反约定逾期不支付物业费的，物业服务人可以催告其在合理期限内支付
  - 合理期限届满仍不支付的，物业服务人可以提起诉讼或者申请仲裁
- 不正确做法
  - 停止供电
  - 停止供水
  - 停止供热
  - 停止供燃气
  - 停止供其他

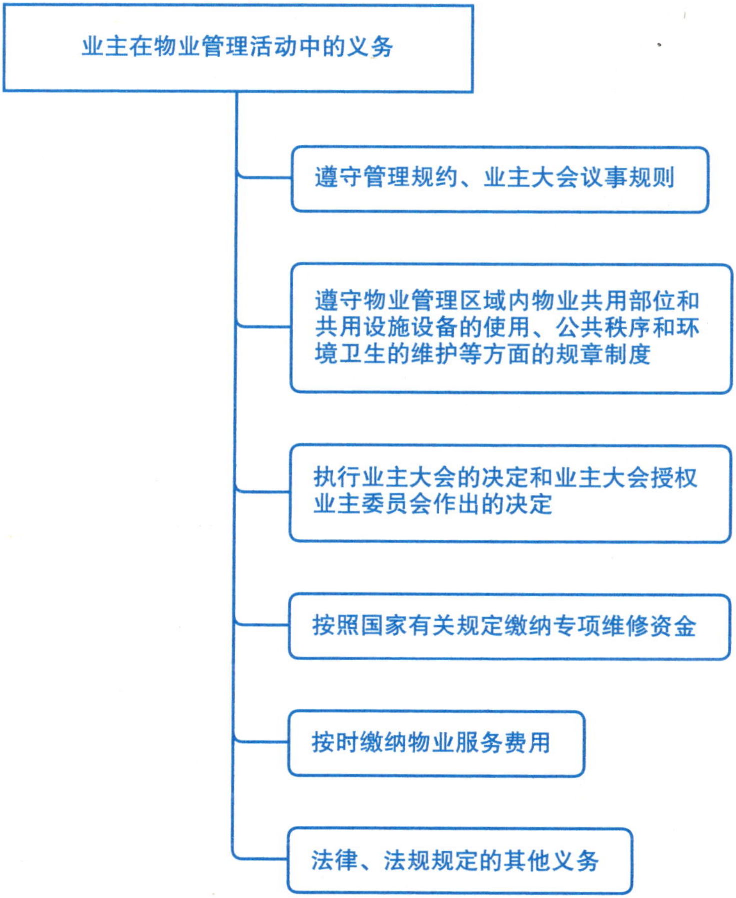
业主在物业管理活动中的义务
遵守管理规约、业主大会议事规则
遵守物业管理区域内物业共用部位和共用设施设备的使用、公共秩序和环境卫生的维护等方面的规章制度
执行业主大会的决定和业主大会授权业主委员会作出的决定
按照国家有关规定缴纳专项维修资金
按时缴纳物业服务费用
法律、法规规定的其他义务

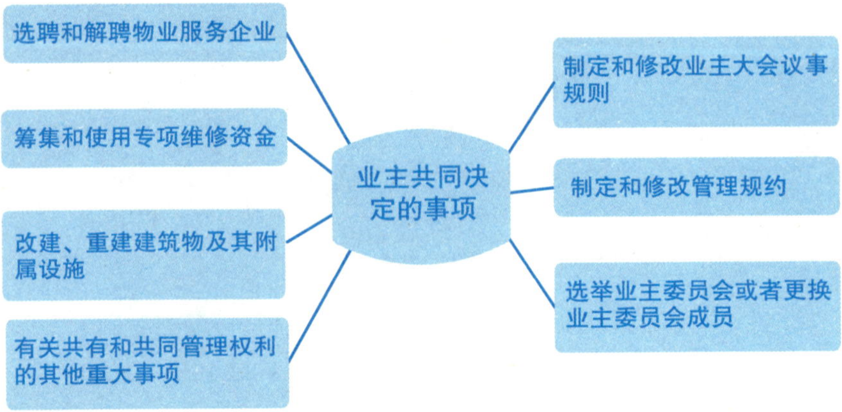
业主共同决定的事项
选聘和解聘物业服务企业
筹集和使用专项维修资金
改建、重建建筑物及其附属设施
有关共有和共同管理权利的其他重大事项
制定和修改业主大会议事规则
制定和修改管理规约
选举业主委员会或者更换业主委员会成员

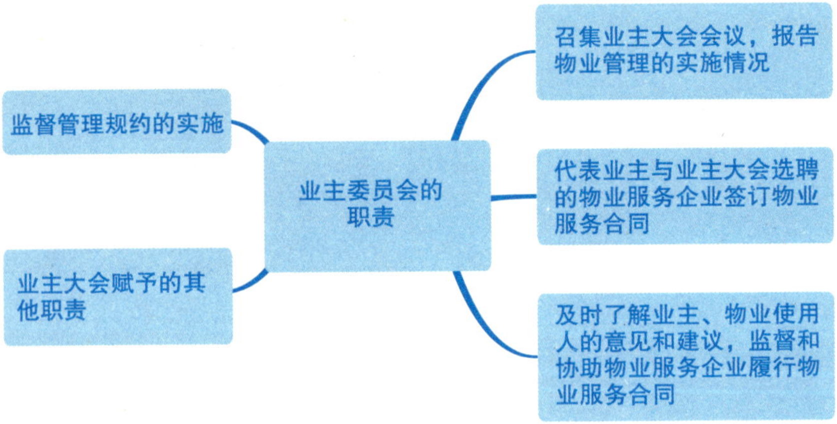
业主委员会的职责
监督管理规约的实施
业主大会赋予的其他职责
召集业主大会会议，报告物业管理的实施情况
代表业主与业主大会选聘的物业服务企业签订物业服务合同
及时了解业主、物业使用人的意见和建议，监督和协助物业服务企业履行物业服务合同

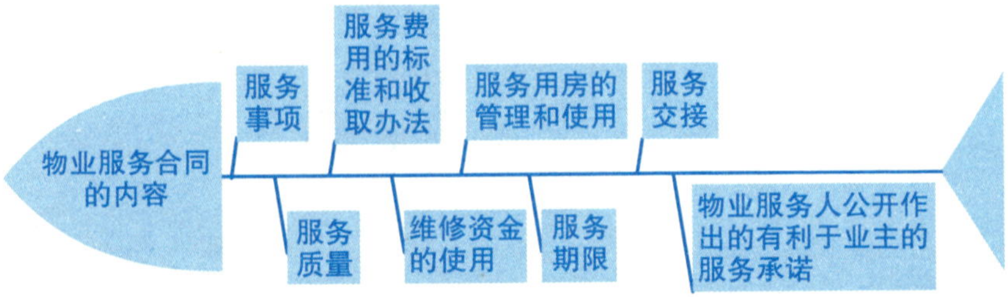
物业服务合同的内容
服务事项
服务费用的标准和收取办法
服务用房的管理和使用
服务交接
服务质量
维修资金的使用
服务期限
物业服务人公开作出的有利于业主的服务承诺

63. 物业服务收费需要明码标价吗？标准是什么？

◆ 案例分析

谭某大学毕业后，没有像别的同学一样去找工作，而是选择了自主创业，后来生意做得也算是风生水起。父母渐渐年纪大了，谭某想着把老人接到身边方便照顾，就在市郊买了一栋别墅。之所以选择买这栋房子，完全是被其交通车免费接送业主的承诺打动。入住后，谭某才发现自己缴纳的物业费里包括交通服务费，而物业费明码标价公示时并没有这一项。他找到物业公司询问原因，物业公司的答复是交通服务费是按照公交公司的收费规定执行的，没有公示的必要。物业公司的说法正确吗？物业服务收费明码标价的标准是什么？

◆ 法律解析

物业服务收费明码标价是提高物业服务收费透明度、维护业主知情权的重要方式，我国《物业服务收费明码标价规定》规定物业管理企业要对服务项目、收费标准等有关情况实行明码标价。同时，该法第五条对明码标价的标准作出了严格限定，要求物业管理企业实行明码标价应当做到价目齐全，内容真实，标示醒目，字迹清晰。本案中的物业服务公司以交通服务费收费标准按照公交公司的收费规定为由不进行明码标价显然是不对的，不符合《物业服务收费明码标价规定》的规定。

◆ 法律条文

《物业服务收费明码标价规定》

第五条 物业管理企业实行明码标价应当做到价目齐全，内容真实，标示醒目，字迹清晰。

深度解析

物业费又称为物业管理服务费，由物业管理企业按物业管理服务合同约定的期限向业主收取。物业服务费用由物业产权人自办理入住手续之日起按月缴纳。经双方协商可预收物业服务费。物业管理服务收费应当遵循合理、公开及与物业产权人、使用人的承受能力相适应的原则。物业管理企业对所收费用应当实行明码标价，明码标价应当做到价目齐全，内容真实，标示醒目，字迹清晰。

64. 物业服务费用价格升高时，物业公司应该提前多长时间进行公示？

◆ 案例分析

小区公示栏提醒了缴纳物业服务费的时间，张某在规定时间来到物业公司缴纳物业服务费时发现物业公司将物业收费标准提升了20%。张某询问原因，工作人员称随着物价水平和人员工资等费用的上涨，物业公司临时决定将物业收费标准提高了，收费标准三天前就已经公示了。张某十分纳闷儿，物业公司对于所标示的服务费用价格升高，提前三天公示符合法律规定吗？

◆ 法律解析

物业服务企业的收费可以在当地规定的基准收费标准浮动幅度范围内进行适当调整，但是需提前进行公示。关于公示时间，我国《物业服务收费明码标价规定》第十条规定，实行明码标价的物业服务收费的标准等发生变化时，物业管理企业应当在执行新标准前一个月，将所标示的相关内容进行调整，并应标示新标准开始实行的日期。所以本案中，物业服务公司临时决定对小区物业费进行上调，提前三天公示不符合法律规定，应在执行新标准的前一个月，在物业服务收费明码标价的公示栏处进行公示，并标明所调整的内容及新标准开始实行的时间，方便业主及时收悉。

◆ 法律条文

《物业服务收费明码标价规定》

第十条 实行明码标价的物业服务收费的标准等发生变化时，物业管理企业应当在执行新标准前一个月，将所标示的相关内容进行调整，并应标示新标准开始实行的日期。

深度解析

物业公司应遵守相关的法律规定和物业管理服务合同约定，正确履行物业管理职责，依照合同约定提供服务，收取费用。如果需要改变服务项目、收费标准，应与业主充分协商。小区成立业主委员会的，应与业主委员会充分协商，达成一致后方可进行。不得单方面改变物业管理合同条款，更无权擅自提高物业管理费，否则要承担相应的违约责任，业主也有权拒绝缴纳增加的物业管理费。

65. 物业公司将维修电梯的费用列入物业服务费合法吗?

◆ 案例分析

刘某因嫌自己现在居住的小区物业服务不完善，就在本市新开盘的某小区买了一个新房子，位于15楼。新家环境优美，站在窗前眺望远方视野十分开阔，上下楼有电梯，比老房子方便多了。但是入住的第2年，刘某就遇到了糟心事。原来，小区的电梯需要时常检修，检修就需要费用。为此，物业公司在第2次收取物业服务费的时候，就提前公示称物业服务费中要增加一项共用部位、共同设施的重大检修费（如电梯检修费）。刘某想知道，物业公司的做法有法律依据吗?

◆ 法律解析

将电梯等公用设施设备的检修费列入物业服务支出的做法是不合法的。《物业服务收费管理办法》第十一条第四款明确规定，物业共用部位、共用设施设备的大修、中修和更新、改造费用，应当通过专项维修资金予以列支，不得计入物业服务支出或者物业服务成本。而物业公司作为提供物业服务的经营者，根据《消费者权益保护法》第十六条的规定，双方当事人的约定不得违背法律、法规的规定。因此，案例中，物业公司将电梯等公用设施设备的检修费列入物业服务支出，是违反有关法律规定的。

◆ 法律条文

《物业服务收费管理办法》

第十一条第四款 物业共用部位、共用设施设备的大修、中修和更新、改造费用，应当通过专项维修资金予以列支，不得计入物业服务支出或者物业服务成本。

《中华人民共和国消费者权益保护法》

第十六条 经营者向消费者提供商品或者服务，应当依照本法和其他有关法律、法规的规定履行义务。

经营者和消费者有约定的，应当按照约定履行义务，但双方的约定不得违背法律、法规的规定。

……

深度解析

一般情况下，物业管理费中包含了电梯使用、维护的费用，但不包含电梯更换、大修的费用。例检属于电梯售后服务的一项内容，不应收取费用。物业公司要求业主缴纳电梯使用、维修和例检费用，应出示物价局核准的收费标准依据。所有物业公司收取物业费的标准，都需要向当地物价局申报备案，经物价局批准方可收取。如果物业公司无法提供相应证明，业主可以拒绝缴纳该费用。

66. 只有取得房产证，才可以行使业主权利吗？

◆ 案例分析

林某大学毕业后，留在了读大学的城市工作。后来她靠自己的努力，按揭买了房子，告别了租房度日的生活。但是由于开发商欠缴有关土地出让金，导致林某无法及时办理房产证。入住后的第2年，物业公司未经公示就擅自提高了物业服务费。因此，林某到物业公司询问，双方一言不合就发生了争吵。最后，物业公司称，林某没有取得房产证不是小区的业主，无权行使业主权利。林某想知道自己到底是不是该小区的业主？

◆ 法律解析

物业公司的说法是不正确的，林某是该小区的业主。在现实生活中，基于与建设单位之间的商品房买卖民事法律行为，房屋购买人在已经合法占有使用专有部分的情况下，仍未依法办理所有权登记的情形大量存在。在此情况下，如果仅以是否已经依法登记取得所有权为界定业主身份的标准，将与现实生活产生冲突，并有可能对前述人群应当享有的权利造成损害。根据《最高人民法院关于审理物业服务纠纷案件适用法律若干问题的解释》第四条的规定，因物业的承租人、借用人或者其他物业使用人实施违反物业服务合同，以及法律、法规或者管理规约的行为引起的物业服务纠纷，人民法院可以参照关于业主的规定处理。可见，林某即使没有取得房产证，也可以行使业主权利。

◆ 法律条文

《最高人民法院关于审理物业服务纠纷案件适用法律若干问题的解释》

第四条 因物业的承租人、借用人或者其他物业使用人实施违反物业服务合同，以及法律、法规或者管理规约的行为引起的物业服务纠纷，人民法院可以参照关于业主的规定处理。

深度解析

依法登记取得或者依据生效法律文书、继承或者受遗赠，以及合法建造房屋等事实行为取得专有部分所有权的人，应当认定为业主。基于与建设单位之间的商品房买卖民事法律行为，已经合法占有建筑物专有部分，但尚未依法办理所有权登记的人，也可以认定为业主。因此，只要通过买卖等合法方式取得所有权的，暂时没有房产证，也是法律上的“业主”。可以行使业主的权利，履行业主的义务。

67. 物业公司可以将物业管理区域内的管理工作全部委托出去吗？

◆ 案例分析

蒋某大学毕业后留在了城里工作，事业小有成就时，在城里买了一套房子，把老人接到城里安享晚年。蒋某给父母买房子的时候，也是煞费苦心，挑了一个卫生、环境、安保都管理很到位的小区。但是，某日他去探望父母的时候，发现该小区服务质量大不如前，服务水平特别差。一打听才知道，原来与小区业主委员会签订管理服务合同的物业公司为了得到更大的利益，将小区的全部管理工作一并委托给了一个不专业的小公司。蒋某想知道，物业公司可以将物业管理区域内的管理工作全部委托出去吗？

◆ 法律解析

与业主委员会签订物业管理服务合同的是物业公司，物业公司是实施物业服务的主体，根据《物业管理条例》第三十九条和第五十九条的规定，物业服务企业可以将物业管理区域内的专项服务业务委托给专业性服务企业，但不得将该区域内的全部物业管理工作一并委托给他人。物业服务企业将一个物业管理区域内的全部物业管理工作一并委托给他人的，由县级以上地方人民政府房地产行政主管部门责令限期改正，处委托合同价款30%以上50%以下的罚款。委托所得收益，用于物业管理区域内物业共用部位、共用设施设备的维修、养护，剩余部分按照业主大会的决定使用；给业主造成损失的，依法承担赔偿责任。本案中，该物业公司将全部管理工作委托给不专业的公司以赚取更多的利润，这种行为是不合法的，应立即改正。

◆ 法律条文

《物业管理条例》

第三十九条 物业服务企业可以将物业管理区域内的专项服务业务委托给专业性服务企业，但不得将该区域内的全部物业管理一并委托给他人。

第五十九条 违反本条例的规定，物业服务企业将一个物业管理区域内的全部物业管理一并委托给他人的，由县级以上地方人民政府房地产行政主管部门责令限期改正，处委托合同价款30%以上50%以下的罚款。委托所得收益，用于物业管理区域内物业共用部位、共用设施设备的维修、养护，剩余部分按照业主大会的决定使用；给业主造成损失的，依法承担赔偿责任。

深度解析

在物业管理关系中，物业服务企业是受托人，接受全体业主的委托从事物业管理活动。一般情况下，物业服务企业应亲自进行物业管理工作。但由于物业管理服务活动内容广泛、项目众多，有些事务如消防管理、绿化养护、安全保卫、电梯维修养护等专业性较强，要求物业服务企业全部擅长、完全胜任在事实上难以做到，因此，物业服务企业可以将物业管理区域内的专项服务业务委托给其他专业性服务公司。专项服务的转委托无须取得业主大会或业主委员会的同意，可以由物业服务企业自行决定。但转委托合同的内容不得与原物业服务合同的内容相抵触，专业服务企业的受托权限不得超出物业服务企业的受托权限。在转委托合同关系中，业主与专业服务企业之间不存在合同关系，物业服务企业是专业服务企业的委托人，物业服务企业就专业服务企业的服务向业主负责。

68. 业主可以擅自对房屋结构进行改变吗？

◆ 案例分析

赵女士手中有了闲钱，就在某小区买了一处房产等待升值。后来，赵女士觉得房子闲置很可惜，就在不影响房屋功能的基础上隔成了4个单间，出租给了4个单身男女。但是小区物业公司认为赵女士把房子隔成单间对外出租没有经过他们同意，影响了他们对小区的管理，要求其把房子恢复原状后再对外出租。赵女士十分纳闷儿，自己把自己房子隔成小间需要经过物业同意吗？

◆ 法律解析

赵女士有权在不影响房屋功能的基础上对房子进行改造。我国《民法典》第二百七十一条规定，业主对建筑物内的住宅、经营性用房等专有部分享有所有权，对专有部分以外的共有部分享有共有和共同管理的权利。房屋内部属于专有部分，业主有权决定在不改变承重墙等基础上将其格局改变。物业公司是小区业主雇用的管理者，主要责任是监督，无权阻止业主对房屋结构进行改变。

◆ 法律条文

《中华人民共和国民法典》

第二百七十一条 业主对建筑物内的住宅、经营性用房等专有部分享有所有权，对专有部分以外的共有部分享有共有和共同管理的权利。

第二百七十二条　业主对其建筑物专有部分享有占有、使用、收益和处分的权利。业主行使权利不得危及建筑物的安全，不得损害其他业主的合法权益。

深度解析

业主对自己的房屋享有所有权，可以对其充分、自由地占有、使用、收益及处分。但如果此项权利与同一建筑物上其他房屋有密切关系、存在共同利益，业主在合理使用自己房屋的同时，不得侵害其他业主的利益。在对自己的房屋进行改造时，如果装修行为有可能影响建筑物的安全，业主应及时停止并进行补救。

69. 房屋出卖后，原房主还能无偿使用原小区的免费停车位吗？

◆ 案例分析

林某在家附近的高档小区买了一套住房，新房子装修好以后才发现新小区的停车位需要购买才可以使用。林某心想自己老房子离新家也不远，停车位还是免费的，于是继续把车停在了原来的小区。后来，林某为了扩大生意，就把老房子卖了。但是当他再把车停在原来的小区时，该小区的物业公司告知其需缴纳停车费。林某十分疑惑，自己只是把房子的专用部分卖了，为什么不能免费使用共用部分的停车位？

◆ 法律解析

林某的说法是没有道理的。我国《民法典》第二百七十三条第二款规定，业主转让建筑物内的住宅、经营性用房，其对共有部分享有的共有和共同管理的权利一并转让。也就是说，如果把房子卖给了他人，那么他对该小区的共有部分如楼道、电梯、停车位、地下室等共有权及共同管理权一并转让给受让人，这一点无须在售房合同中另作约定。本案中，林某把房子卖掉，停车位应视为一起卖掉了。如果他要在原小区内停车，需缴纳停车费。

◆ 法律条文

《中华人民共和国民法典》

第二百七十三条第二款　业主转让建筑物内的住宅、经营性用房，其对共有部分享有的共有和共同管理的权利一并转让。

深度解析

业主转让其住房的，其所享有的共有部分的共有权一并转让。也就是说在房屋转让后，相应的共有权也一并由新房主享有。这是因为共有部分的权利是附属于专有部分的权利的，专有部分的权利转移后，其附属权利也随之转移。

70. 物业服务企业针对突发的安全事故，需要采取哪些措施？

◆ 案例分析

王老太太是某小区的业主，夏天的时候家里进了几只蚊子，她就在家里找了一盘蚊香熏蚊子。刚把蚊香点着，就有邻居来叫她去打麻将。结果由于点蚊香的位置紧挨窗户，点燃了落地窗帘，引起了大火，大火迅速蔓延了整个楼层。该小区物业公司发现火情后，采取了疏散居民、使用小区的消防器材自救、拨打急救电话以及及时向有关部门报告情况等措施。面对突发安全事故，物业公司如何做才算得当？

◆ 法律解析

火灾属于突发性的安全事故，物业公司面对这种情况应做好应急工作，保障业主的生命和财产安全。根据《物业管理条例》第四十六条的规定，物业服务企业应当协助做好物业管理区域内的安全防范工作。发生安全事故时，物业服务企业在采取应急措施的同时，应当及时向有关行政管理部门报告，协助做好救助工作。物业服务企业雇请保安人员的，应当遵守国家有关规定。保安人员在维护物业管理区域内的公共秩序时，应当履行职责，不得侵害公民的合法权益。本案中，该物业公司的做法符合法律规定的正当程序，及时疏散了群众，组织了灭火行动并向有关部门报告了情况。

◆ 法律条文

《物业管理条例》

第四十六条　物业服务企业应当协助做好物业管理区域内的安全防范工作。发生安全事故时，物业服务企业在采取应急措施的同时，应当及时向有关行政管理部门报告，协助做好救助工作。

物业服务企业雇请保安人员的，应当遵守国家有关规定。保安人员在维护物业管理区域内的公共秩序时，应当履行职责，不得侵害公民的合法权益。

深度解析

发生安全事故时，物业服务企业在采取应急措施的同时，应当及时向有关行政管理部门报告，协助做好救助工作。如果面对突发事故，物业公司怠于履行以上救助义务，就是违法，应该承担相应的责任。

第七章
日常生活救助法律知识

申请最低生活保障的办理程序

- 由共同生活的家庭成员向户籍所在地的乡镇人民政府、街道办事处提出书面申请；家庭成员申请有困难的，可以委托村民委员会、居民委员会代为提出申请
- 乡镇人民政府、街道办事处应当通过入户调查、邻里访问、信函索证、群众评议、信息核查等方式，对申请人的家庭收入状况、财产状况进行调查核实，提出初审意见，在申请人所在村、社区公示后报县级人民政府民政部门审批
- 县级人民政府民政部门经审查，对符合条件的申请予以批准，并在申请人所在村、社区公布；对不符合条件的申请不予批准，并书面向申请人说明理由

特困人员

- 无劳动能力、无生活来源且无法定赡养、抚养、扶养义务人
- 其法定赡养、抚养、扶养义务人无赡养、抚养、扶养能力的老年人、残疾人以及未满16周岁的未成年人

对特困人员供养的内容

- 提供基本生活条件
- 对生活不能自理的给予照料
- 提供疾病治疗
- 办理丧葬事宜

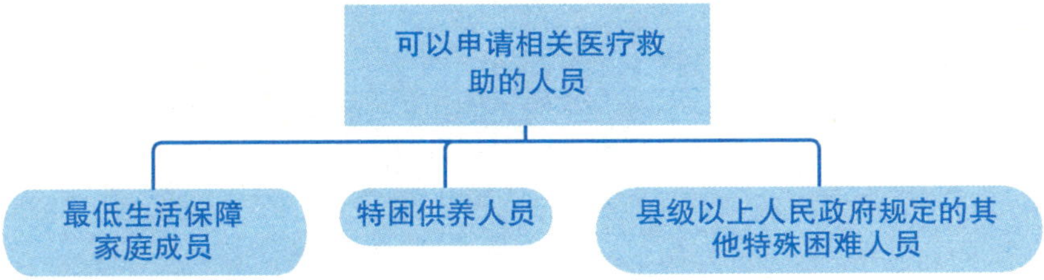
可以申请相关医疗救助的人员
最低生活保障家庭成员
特困供养人员
县级以上人民政府规定的其他特殊困难人员

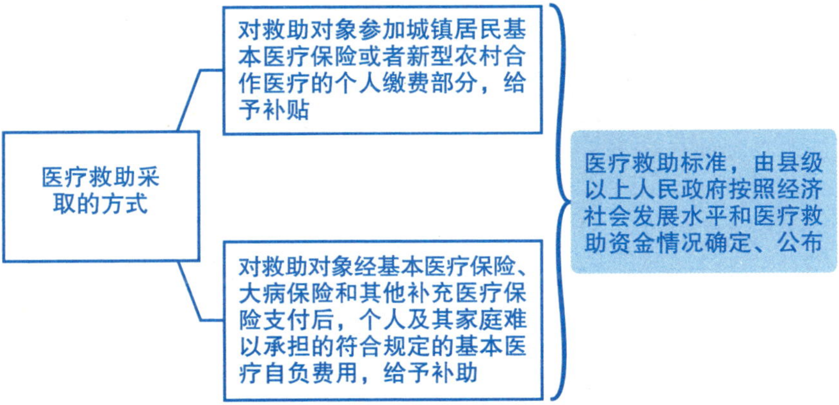
医疗救助采取的方式
对救助对象参加城镇居民基本医疗保险或者新型农村合作医疗的个人缴费部分，给予补贴
对救助对象经基本医疗保险、大病保险和其他补充医疗保险支付后，个人及其家庭难以承担的符合规定的基本医疗自负费用，给予补助
医疗救助标准，由县级以上人民政府按照经济社会发展水平和医疗救助资金情况确定、公布

县级以上人民政府或者人民政府的自然灾害救助应急综合协调机构应当根据自然灾害预警预报启动预警响应，采取下列一项或者多项措施

- 向社会发布规避自然灾害风险的警告，宣传避险常识和技能，提示公众做好自救互救准备
- 开放应急避难场所，疏散、转移易受自然灾害危害的人员和财产，情况紧急时，实行有组织的避险转移
- 加强对易受自然灾害危害的乡村、社区以及公共场所的安全保障
- 责成应急管理等部门做好基本生活救助的准备

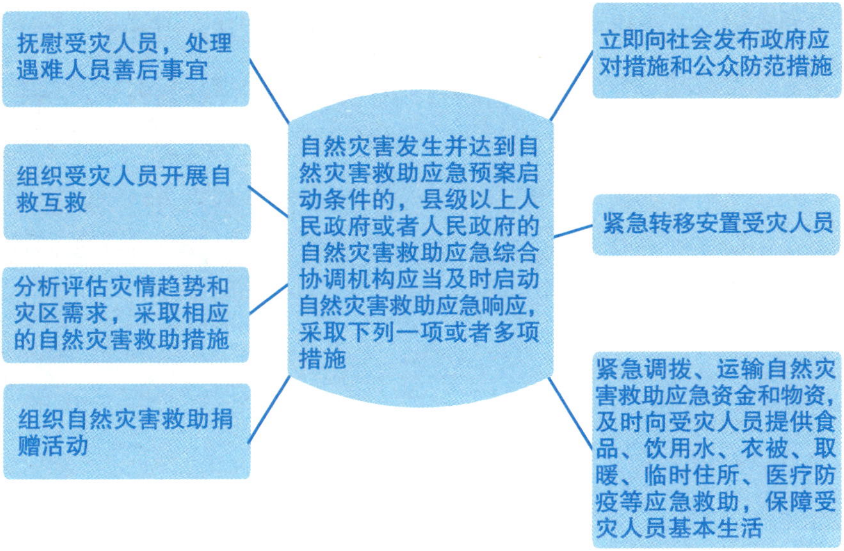
自然灾害发生并达到自然灾害救助应急预案启动条件的，县级以上人民政府或者人民政府的自然灾害救助应急综合协调机构应当及时启动自然灾害救助应急响应，采取下列一项或者多项措施
抚慰受灾人员，处理遇难人员善后事宜
组织受灾人员开展自救互救
分析评估灾情趋势和灾区需求，采取相应的自然灾害救助措施
组织自然灾害救助捐赠活动
立即向社会发布政府应对措施和公众防范措施
紧急转移安置受灾人员
紧急调拨、运输自然灾害救助应急资金和物资，及时向受灾人员提供食品、饮用水、衣被、取暖、临时住所、医疗防疫等应急救助，保障受灾人员基本生活

71. 住房救助待遇包括租房补助吗?

◆ 案例分析

白某是某工厂下岗职工，家庭条件非常困难。更不幸的是，白某的妻子得了重病需要住院治疗。为了给妻子治病，白某无奈之下只能将仅有的一套房产卖给他人，而自己一家人则在租的房子里居住。白某的妻子病情越来越严重，需要的钱也越来越多，因此一家人的生活越发拮据。白某以前的一个同事得知此事后，就建议其去申请租房补助，说这是政府帮助贫困家庭住房救助的一种方式。而白某却对这种方式一点也不了解，那么，住房救助待遇包括租房补助吗?

◆ 法律解析

住房救助待遇包括租房补助。根据我国《社会救助暂行办法》第三十八条的规定，住房救助通过配租公共租赁住房、发放住房租赁补贴、农村危房改造等方式实施。在实践中，住房救助一般是根据救助对象住房实际状况、村镇总体规划、建设规划以及救助对象的意愿，采取新建、改建、扩建、修缮、置换、租用等方式实施的。救助对象就地租用闲置房或公租房，符合当地租房补贴申请条件的，可以提出租房补贴申请。因各地实际情况存在差异，申请条件可能略有不同，白某可以查问一下当地申请租房补贴的具体条件，若符合就能去申请租房补贴。

◆ 法律条文

《社会救助暂行办法》

第三十八条　住房救助通过配租公共租赁住房、发放住房租赁补贴、农村危房改造等方式实施。

深度解析

住房救助通过多种形式和途径对城乡居民的住房条件予以保障，具体包括配租公共租赁房，发放租房补贴，进行农村危房改造等内容。由于城乡居民的住房要求和方式不同，政府根据具体情况设置了多种救助途径，城乡居民可以根据自己的实际情况选择申请住房救助的方式。

72. 可以将承租到的廉租房再进行转租吗？

◆ 案例分析

赵某是残疾人，长年靠政府低保维持生计，经朋友介绍得知自己符合政府的廉租房申请条件，于是便向当地住房保障部门提出申请，并按照相关规定提交了材料。当地住房保障部门经过审核，决定以实物配租的方式给予其住房保障，并与其签订了廉租住房租赁合同。但是，就在赵某即将入住的时候，远在外省打工的亲戚给赵某打电话，说在外省给赵某找了一份合适的长期工作，工资、待遇都不错，让赵某尽快去他那边上班。赵某考虑到自己经济困难，于是打算把到手的廉租房出租出去然后去外省打工，这样既能多得一份房租收入又有打工的收入，岂不是一举两得？那么，赵某能将承租到的廉租房再进行转租吗？

◆ 法律解析

《廉租住房保障办法》第二十五条规定："城市低收入住房困难家庭不得将所承租的廉租住房转借、转租或者改变用途。城市低收入住房困难家庭违反前款规定或者有下列行为之一的，应当按照合同约定退回廉租住房：（一）无正当理由连续6个月以上未在所承租的廉租住房居住的；（二）无正当理由累计6个月以上未交纳廉租住房租金的。"本案中，赵某得到廉租房后，不但没有入住，反而企图将该房转租收取租金，这种做法是不符合法律规定的，有关部门核实后可以根据合同约定要求赵某退回廉租住房。

◆ 法律条文

《廉租住房保障办法》

第二十五条　城市低收入住房困难家庭不得将所承租的廉租住房转借、转租或者改变用途。

城市低收入住房困难家庭违反前款规定或者有下列行为之一的，应当按照合同约定退回廉租住房：

（一）无正当理由连续6个月以上未在所承租的廉租住房居住的；

（二）无正当理由累计6个月以上未交纳廉租住房租金的。

深度解析

政府提供廉租房，是为了保障因收入低住房困难的人有一个良好的居住条件。如果其将已经承租的廉租房租借给他人或者改变用途，则表明其并不存在住房困难的情况，也就不应当享受廉租房的保障。如果承租人将该房租借或者改变用途，或者无正当理由长时间不缴纳房租，应当依法退回廉租房。

73. 哪些人可以成为申请教育救助的主体？

◆ 案例分析

小明今年上高三了，学习成绩非常优秀，一直是学校重点培养的对象，老师和同学都非常喜欢他。但是小明是最低生活保障家庭的成员，家里条件极其困难，已经没有能力再供其继续读书，小明只能辍学。学校的校长和老师知道这件事情后，觉得非常可惜，以小明的学习成绩完全可以考进全国重点大学。于是，老师找到了小明的家长，建议他们为小明申请当地的教育救助，希望可以让小明能够顺利完成学业考入大学，将来拥有更好的生活。那么，像小明这种情况能申请教育救助吗？

◆ 法律解析

小明作为高中教育阶段就学的最低生活保障家庭的成员，符合教育救助的条件，可以根据有关程序申请教育救助。《社会救助暂行办法》第三十三条规定："国家对在义务教育阶段就学的最低生活保障家庭成员、特困供养人员，给予教育救助。对在高中教育（含中等职业教育）、普通高等教育阶段就学的最低生活保障家庭成员、特困供养人员，以及不能入学接受义务教育的残疾儿童，根据实际情况给予适当教育救助。"可见，国家不仅对义务教育阶段就学的最低生活保障家庭成员、特困供养人员给予教育救助，而且对义务教育阶段以上的这两类人员，以及不能入学接受义务教育的残疾儿童，也会根据实际情况给予适当救助。因此，小明符合申请教育救助的条件，可以提出申请。

◆ 法律条文

《社会救助暂行办法》

第三十三条　国家对在义务教育阶段就学的最低生活保障家庭成员、特困供养人员，给予教育救助。

对在高中教育（含中等职业教育）、普通高等教育阶段就学的最低生活保障家庭成员、特困供养人员，以及不能入学接受义务教育的残疾儿童，根据实际情况给予适当教育救助。

深度解析

对于接受义务教育的人员，只要其属于最低生活保障家庭成员或者特困供养人员，都可以依法申请教育救助。而对于完成义务教育，继续接受高中教育、普通高等教育的这类人员，以及不能入学接受义务教育的残疾儿童，国家会根据他们的实际情况给予一定的教育救助。

74. 哪些是就业救助的措施?

◆ 案例分析

李某文化水平较低，一直在某建筑工地打工，挣得也不多，连家里的基本生活都维持不了，只能靠政府提供的最低生活保障度日。后来，李某又因在施工的时候被掉下来的钢筋砸伤脚而花去大笔医疗费，让原本就困难的家庭雪上加霜。经过一段时间后，李某病情恢复，只是走路有些不方便，但一直找不到工作。后来他听朋友说像他这种情况可以去申请就业救助，于是便打算提出申请。那么，哪些是就业救助的措施？就业救助措施是给予补助吗？

◆ 法律解析

《社会救助暂行办法》第四十二条规定：“国家对最低生活保障家庭中有劳动能力并处于失业状态的成员，通过贷款贴息、社会保险补贴、岗位补贴、培训补贴、费用减免、公益性岗位安置等办法，给予就业救助。”李某的家庭享有最低生活保障，虽然他受伤，腿脚有些不便，但仍有劳动能力并处于失业状态。针对李某的这种情况，政府可以通过贷款贴息、社会保险补贴、岗位补贴、培训补贴、费用减免、公益性岗安置等办法给予就业救助，而并非仅仅发放补助。

◆ 法律条文

《社会救助暂行办法》

第四十二条　国家对最低生活保障家庭中有劳动能力并处于失业状态的成员，通过贷款贴息、社会保险补贴、岗位补贴、培训补贴、费用减免、公益性岗位安置等办法，给予就业救助。

深度解析

为了缓解就业压力，切实解决低保家庭中有劳动能力的失业人员的就业问题，国家通过法律法规规定了就业救助的一系列措施，具体包括贷款贴息、社保补贴、岗位补贴、培训补贴、费用减免、设置公益性岗位等。就业救助并不仅仅是给予被救助人一定的经济补贴，而且是通过多种手段，鼓励他们上岗再就业。

75. 国家给农村残疾人的就业帮助有哪些?

◆ 案例分析

苏某从小就得了小儿麻痹症，当地的村民都知道他是一名残疾人，但苏某并没有因身体缺陷就自暴自弃。其在当地政府的帮助下，凭借着聪明的头脑开了一家服装店，收入一直不错，可是由于近年来市场竞争比较激烈，服装店只能面临关门。苏某不甘心，又琢磨着做一些其他的事情。他想到从事果树种植，但由于资金投入较大，且自己不懂技术，于是想到了找政府帮忙。那么，除了资金支持，政府还会为苏某提供技术上的帮助吗?

◆ 法律解析

苏某除了可以向政府寻求资金支持，还可以向政府寻求技术指导的帮助。目前多地人民政府均采用资金支持的方式，实现了组织和扶持农村残疾人从事种植业、养殖业等形式的生产劳动。这容易造成一些人的认知误区，即认为国家帮助仅限于资金支持，其实这是片面的看法。《残疾人就业条例》第二十条明确规定，除筹集资金，组织和扶持农村残疾人从事种植业、养殖业、手工业和其他形式的生产劳动外，有关部门对从事农业生产劳动的农村残疾人，应当在生产服务、技术指导、农用物资供应、农副产品收购和信贷等方面给予帮助。也就是说，国家的帮扶形式是多种多样的，既有资金支持又有技术指导、产品收购等帮扶途径。案例中的苏某除了可以获得政府的资金支持，还可以向有关部门寻求种植果树的技术指导，提高果树的成活率。

◆ 法律条文

《残疾人就业条例》

第二十条 地方各级人民政府应当多方面筹集资金，组织和扶持农村残疾人从事种植业、养殖业、手工业和其他形式的生产劳动。

有关部门对从事农业生产劳动的农村残疾人，应当在生产服务、技术指导、农用物资供应、农副产品收购和信贷等方面给予帮助。

深度解析

政府不但应当组织、扶持农村残疾人从事农业、手工业等生产劳动，还应当帮助其筹集资金。对于从事农业生产劳动的农村残疾人，政府还应当在生产服务、技术指导、农用物资供应、农副产品收购、银行贷款等方面给予各种帮助，以促进农村残疾人参加生产劳动，享受劳动权利。

76. 危重病人的身份不明还能得到疾病应急救助吗?

◆ 案例分析

一名年近八旬的老人在街头拾荒时突然倒地，途经此地的路人王某遂将老人送进医院抢救。经过医生的治疗，确诊老人是突发脑卒中，病情非常严重，需要马上进行紧急治疗。可王某并不认识这名老人，老人穿得破破烂烂的，找不到任何可以证明他身份的信息。面对这种情况，医院也只能先进行抢救。那么，这名老人能得到疾病应急救助吗？

◆ 法律解析

老人可以获得疾病应急救助。《社会救助暂行办法》第三十二条第一款规定：“国家建立疾病应急救助制度，对需要急救但身份不明或者无力支付急救费用的急重危伤病患者给予救助。符合规定的急救费用由疾病应急救助基金支付。”本案中，老人因患脑卒中生命垂危，需要急救，属于急重危伤的患者，而且其是身份不明的拾荒人员，符合该法律规定的情形，因此老人可以得到疾病应急救助，符合规定的急救费用由疾病应急救助基金支付。

◆ 法律条文

《社会救助暂行办法》

第三十二条 国家建立疾病应急救助制度，对需要急救但身份不明或者无力支付急救费用的急重危伤病患者给予救助。符合规定的急救费用由疾病应急救助基金支付。

疾病应急救助制度应当与其他医疗保障制度相衔接。

深度解析

在现实生活中，少数需要急救的患者因身份不明、无能力支付医疗费用等原因，得不到及时有效的治疗，“等钱救命”的现象时有发生。国家建立应急救助制度，把身份不明或者无力支付急救费用的急重危伤病患者纳入了应急救助范围，在这些人员发生急重危伤时，应急救治费用应先由责任人、工伤保险和基本医疗保险等各类保险、公共卫生经费以及医疗救助基金、道路交通事故社会救助基金等渠道支付，无上述渠道或上述渠道费用支付有缺口，由疾病应急救助基金给予补助。

77. 哪些人员可以享受特困人员供养待遇?

◆ 案例分析

刘奶奶已经快90岁了，儿子与儿媳很久前就去世了，只剩刘奶奶与孙子小强相依为命。小强大学毕业后在一家小公司做助理，虽然挣得不多，但也基本能够维持祖孙俩的生活。但是，小强在一次出差的时候遇上泥石流，不幸遇难身亡。现在只剩下刘奶奶一人了。那么，刘奶奶能享受特困人员供养的待遇吗?

◆ 法律解析

《社会救助暂行办法》第十四条规定："国家对无劳动能力、无生活来源且无法定赡养、抚养、扶养义务人，或者其法定赡养、抚养、扶养义务人无赡养、抚养、扶养能力的老年人、残疾人以及未满16周岁的未成年人，给予特困人员供养。"本案中，小强遭遇泥石流身亡，刘奶奶没有了生活来源，也没有了赡养义务人，而且其已经年近90岁的高龄，显然没有了劳动能力。综上可以得知，刘奶奶符合享受特困人员供养的条件，可以申请享受特困人员供养待遇。

◆ 法律条文

《社会救助暂行办法》

第十四条　国家对无劳动能力、无生活来源且无法定赡养、抚养、扶养义务人，或者其法定赡养、抚养、扶养义务人无赡养、抚养、扶养能力的老年人、残疾人以及未满 16 周岁的未成年人，给予特困人员供养。

深度解析

所谓特困人员供养，是指国家对经济生活有特殊困难的人员，以国家出资的形式为其提供基本生活保障的一种社会救助制度。对于无劳动能力、无生活来源且无人照管或者其法定的监护人无照管能力的老年人、残疾人以及未满 16 周岁的未成年人，我国法律将其界定为特困供养人员，他们依法享受特困人员供养待遇。

78. 特困供养人员一定要参加集体生活吗?

◆ 案例分析

李大爷今年已经85岁了，行动不便，老伴儿去世得早，又无儿无女，平时只能靠捡废品为生。当地的居委会了解到李大爷的情况后，就帮助其办理了特困人员的申请。当地政府经过审查，批准李大爷成为特困人员，并安排其到当地的供养服务机构参加集体生活。但是李大爷觉得一个人生活自在，不愿意到人多的地方。那么，李大爷作为特困供养人员一定要参加集体生活吗?

◆ 法律解析

《社会救助暂行办法》第十九条规定：“特困供养人员可以在当地的供养服务机构集中供养，也可以在家分散供养。特困供养人员可以自行选择供养形式。”由此可见，特困供养人员可以结合自身的具体情况以及个人的喜好等，自由选择供养形式，具有很大的自主权。本案中，李大爷不愿在当地的供养服务机构集中供养，可以在家分散供养。

◆ 法律条文

《社会救助暂行办法》

第十九条 特困供养人员可以在当地的供养服务机构集中供

养，也可以在家分散供养。特困供养人员可以自行选择供养形式。

深度解析

国家为了方便对特困人员的照顾、供养，设立了一定的供养服务机构对他们进行集中供养，但这并不是说这些特困供养人员只能到这些机构生活。法律规定了比较自由的供养形式，特困供养人员不愿意集中供养的，也可以选择在自己家中分散供养。只要是有利于这些特困供养人员生活的供养形式，特困供养人员可以自行选择。

79. 家中遭遇意外事件后能否申请临时救助？

◆ 案例分析

丈夫黄某与妻子白某带女儿出去旅游，没想到在坐缆车的时候，缆车突发中断坠落事故。黄某为保护妻子和女儿不幸身亡，妻子虽然还好，但女儿却因年纪小而身受重伤。面对如此不幸的情况，亲朋好友纷纷伸出援手来帮助这个即将破碎的家庭，但即使是这样，也改变不了该家庭穷困潦倒的局面。于是，白某想到了向有关部门申请临时救助。那么，像这种情况的家庭，能否申请临时救助？

◆ 法律解析

白某家可以得到临时救助。《社会救助暂行办法》第四十七条规定："国家对因火灾、交通事故等意外事件，家庭成员突发重大疾病等原因，导致基本生活暂时出现严重困难的家庭，或者因生活必需支出突然增加超出家庭承受能力，导致基本生活暂时出现严重困难的最低生活保障家庭，以及遭遇其他特殊困难的家庭，给予临时救助。"本案中，白某一家因遭遇缆车事故，一人丧生，一人重伤，财尽人去，基本生活暂时出现严重困难，属于国家给予临时救助的情形，白某可以通过相关民政部门获得临时救助。

◆ 法律条文

《社会救助暂行办法》

第四十七条　国家对因火灾、交通事故等意外事件，家庭成员突发重大疾病等原因，导致基本生活暂时出现严重困难的家庭，或者因生活必需支出突然增加超出家庭承受能力，导致基本生活暂时出现严重困难的最低生活保障家庭，以及遭遇其他特殊困难的家庭，给予临时救助。

深度解析

当家庭因火灾、交通事故等意外事件，或者家庭成员突发重病等，致使家庭的基本生活暂时出现严重困难的，当事人可以向政府申请临时救助。此外，对于因生活必需支出突然增加，致使低保家庭的生活出现暂时性严重困难的，当事人也可以申请政府临时救助。如果当事人认为自己遭遇了其他特殊困难，家庭生活受到重大影响的，也可以请求国家的临时救助。

80. 参与社会救助工作的途径有哪些？

◆ 案例分析

杨某的父母在其幼时因车祸意外身亡，杨某一直是由爷爷照顾。由于爷爷身体一直不好，在杨某上小学的时候，爷爷也去世了，只留下杨某一人，其也因此被送进福利院。在此期间，杨某得到了很多人的帮助，并顺利完成学业、参加了工作。杨某工作后非常努力，受到老板的赏识，坐上了总经理的位子。经过几年的拼搏，杨某终于有了自己的公司，并想到当时帮助过自己的好心人，就决定以自己的能力来回报社会，帮助那些像自己一样需要帮助的孩子。杨某想要知道该怎样参加社会救助的工作呢？

◆ 法律解析

社会力量在社会救助方面可以发挥的作用是不可估量的，因此，国家支持并积极鼓励社会力量加入社会救助的队伍当中。《社会救助暂行办法》第五十二条规定："国家鼓励单位和个人等社会力量通过捐赠、设立帮扶项目、创办服务机构、提供志愿服务等方式，参与社会救助。"可见，社会力量参与社会救助的途径是多样的，其救助的途径和方式包括捐赠、设立帮扶项目、创办服务机构、提供志愿服务等。杨某可以根据自己的实际情况，加入社会救助的队伍当中。从该规定中足以看出国家对社会力量参与社会救助的重视程度。另外，社会力量参与社会救助，还可以发挥其提供多种专业化帮扶服务的优势，弥补政府物质救助的不足，让受助人群真正得到帮助。

◆ 法律条文

《社会救助暂行办法》

第五十二条　国家鼓励单位和个人等社会力量通过捐赠、设立帮扶项目、创办服务机构、提供志愿服务等方式，参与社会救助。

深度解析

“一方有难，八方支援”，大家齐心协力就能克服各种困难。社会救助是以国家为主体实施的帮助他人的制度，但是单位和个人也可以通过各种途径参与到这项工作中来，具体的参与方式包括捐赠、设立帮扶项目、创办服务机构、提供志愿服务等。只要我们愿意用自己的力量帮助需要帮助的人，就可以选用各种合法的方式献出我们的爱心。

图书在版编目（CIP）数据

新编常用法律知识学习手册：实用导图版／八五普法图书中心著．—北京：中国法制出版社，2021.11
（“八五”普法推荐用书学习手册系列）
ISBN 978-7-5216-2238-6

Ⅰ.①新…　Ⅱ.①八…　Ⅲ.①法律-基本知识-中国
Ⅳ.①D920.4

中国版本图书馆CIP数据核字（2021）第217521号

责任编辑：吕静云　　封面设计：李宁

新编常用法律知识学习手册：实用导图版
XINBIAN CHANGYONG FALÜ ZHISHI XUEXI SHOUCE：SHIYONG DAOTUBAN

著者/八五普法图书中心
经销/新华书店
印刷/三河市国英印务有限公司
开本/880毫米×1230毫米　32开　　印张/7　字数/94千
版次/2021年11月第1版　　2021年11月第1次印刷

中国法制出版社出版
书号ISBN 978-7-5216-2238-6　　定价：39.80元

北京市西城区西便门西里甲16号西便门办公区
邮政编码：100053　　传真：010-63141852
网址：http://www.zgfzs.com　　**编辑部电话：010-66054900**
市场营销部电话：010-63141612　　**印务部电话：010-63141606**

（如有印装质量问题，请与本社印务部联系。）